The Secret

英　雄

The Secret

英　　雄

朗达·拜恩

湖南文艺出版社
HUNAN LITERATURE AND ART PUBLISHING HOUSE

博集天卷
CS-BOOKY

图书在版编目（CIP）数据

英雄 /（澳）朗达·拜恩（Rhonda Byrne）著；郑峥译. —长沙：湖南文艺出版社，2018.5（2025.5重印）

书名原文：Hero

ISBN 978-7-5404-8621-1

Ⅰ.①英… Ⅱ.①朗… ②郑… Ⅲ.①成功心理—通俗读物 Ⅳ.①B848.4-49

中国版本图书馆CIP数据核字(2018)第054252号

著作权合同登记号：图字18-2014-082

Hero YINGXIONG

Hero 英雄

作　　者：［澳］朗达·拜恩
译　　者：郑　峥
出 版 人：陈新文
责任编辑：薛　健　刘诗哲
监　　制：蔡明菲　邢越超
策划编辑：马冬冬
特约编辑：温雅卿
营销编辑：杜　莎　李　群　张锦涵
版权支持：辛　艳
设计支持：张丽娜
出版发行：湖南文艺出版社
　　　　　（长沙市雨花区东二环一段508号　邮编：410014）
网　　址：www.hnwy.net
印　　刷：北京中科印刷有限公司
经　　销：新华书店
开　　本：760mm×1194mm　1/32
字　　数：150千字
印　　张：7.5
版　　次：2018年5月第1版
印　　次：2025年5月第7次印刷
书　　号：ISBN 978-7-5404-8621-1
定　　价：56.00元

若有质量问题，请致电质量监督电话：010-59096394
团购电话：010-59320018

"这里有一个测验，看你在世间的使命是否已经完成。如果你还活着，你的使命就仍在进行。"

理查德·巴赫

《幻影》

献给每一位英雄

致　谢

　　每一次新的旅程都发端于一个想法，想法的萌芽昭示着征程开始直至梦想最终实现。我欣然接纳旅途中不期然而然的曲折、惊讶、兴奋和喜悦。更重要的是，回首这段旅途，我被其间遇到的杰出男女所折服，是他们让我的想法最终得以实现。创作《英雄》的旅途从始至终充满愉悦，我希望对这些人表达我的感谢，是他们让我最终能够将这本不同凡响的书呈现在大家面前。

　　来自世界各地的英雄故事的讲述者们通过分享他们的经历来激励更多的人，和他们一起共事是我的无上光荣，他们是丽兹·玛瑞、彼得·弗约、约翰·保罗·德约里尔、阿纳斯塔西娅·索阿雷、迈克尔·阿克顿·史密斯、彼得·布瓦希、马斯丁·基普、吉姆·拉奥、皮特·卡罗尔、莱尔德·汉密尔顿、莱恩·比奇利和保罗·奥法里。感谢他们信任我，毫不迟疑地贡献出自己的宝贵时间，在《英雄》的想法还未萌芽时能够看到它的潜力和可能性。

　　英雄故事的讲述者们给予我的帮助是无价的，而为这些人的基金会和慈善机构而努力工作的人也请接受我诚挚的感谢，你们也是《英雄》团队的一分子，我因此得到机会将你们的努力呈现给世人。在此我要特别感谢梅拉-亚利康德拉·加西亚、卢卡·卡普、布瓦纳·查克拉瓦蒂、杰米·达文、梅根·麦克格拉斯和塔玛拉·阿萨尔。

在我构思《英雄》一书的框架时，《英雄》团队的成员斯凯·伯恩和保罗·哈林顿和我通力合作，在随后对讲述者话语的编纂工作上，他们也给了我巨大的支持，在整本书的创作过程中，他们贡献出了巨大的智慧。此外，斯凯对我作品的领会之深以及她出色的文字功底令我十分感动，没有她的帮助就不会有《英雄》一书。

感谢格伦达·贝尔在全书创作中的统筹安排，是她为《英雄》一书找来了这么多励志故事，也是她安排好了各位受访者的采访时间，并做好同各个基金会的联络工作，还有安德里亚·凯怡尔，是他和格伦达的一道努力才为我们的故事注入了这么多精彩的素材，谢谢他们。

贾恩·蔡尔德在《秘密》一书中负责出版事宜，感谢你的鼓励、热情和辛勤工作，《英雄》的出版、绘图以及网上宣传都离不开你的辛勤奔走和协调。

《秘密》一书的艺术总监尼克·乔治，感谢你在《英雄》一书中的精彩构图和艺术设计，这也激励着我不断完善文字部分以便能和你的绘画相搭配。向我们的绘画团队致敬，他们是高泽传媒、沙莫斯·霍尔和安娜·巴耶斯，再次感谢你们的无私奉献和聪明才智。

感谢我优秀的出版团队心房图书和西门与舒斯特图书出版公司对我以往所出版的作品以及对我本人的支持。感谢卡洛琳·雷迪、朱迪斯·科尔、丹尼斯·尤劳、达琳·德里罗、保罗·奥尔斯维斯基、吉姆·蒂尔、丹妮娜·韦克斯勒，以及版权编辑伊索德·萨奥尔和金伯利·戈德斯坦。

能够和《秘密》团队的工作人员一同工作是我的幸运，他们是唐纳德·扎依克、洛里·莎拉波夫、马克·奥康纳、乔什·戈尔德，我的私人助理吉尔·纳尔逊、科里·约翰辛、彼得·伯恩、理查、马西·克尔顿-克里利。

感谢格林伯格·格拉斯克律师事务所派出的法律团队：邦妮·埃斯肯纳齐和亚伦·莫斯。我要特别感谢布拉德·布莱恩和孟吉尔·托尔斯。谢谢劳拉·里夫和我们P.R公司的团队，还有埃德尔曼，谢谢你。

我亲爱的朋友和家人，是你们一直在我身旁支持我、鼓励我，感谢我生命中你们的存在。谢谢你们，还有我了不起的父母，你们绝对是最棒的。

还有我的女儿海莉，她教会我超脱于物质世界之外寻找答案，还有萨瓦娜·伯恩-克罗宁，她的创造力简直无人能及。还有"孩子王"凯文·麦凯米、漂亮的奥·丹、保罗·克罗宁，感谢他们对我的关怀和支持，还有安吉尔·马丁·贝莱奥斯，感谢他一直以来给予我的智慧和精神指引。

最后，我想说的是，《英雄》一书的灵感来自一个夜晚，它的到来毫无征兆，因此我要对宇宙和宇宙意识表达我最深沉的谢意，感谢赐予我这一灵感，并指引我在这地球上奋斗历程的每一步。

目录

前言

　　本书与一个故事有关。这个故事改变了我的人生，同时在历史的流转中改变了千千万万人的人生。自混沌之初这个故事就存在着。虽然在不同的文化和国家这个故事呈现出不同的版本，但故事的精髓从未改变。它是关于一个英雄在这个星球所经历的一段勇敢旅程。

　　我们的地球是一个异常美丽的地方——有浩瀚的海洋、壮美的高山、繁茂的雨林、秀丽的海岸、宽阔的平原和数目庞大的动植物物种——人类栖息其间，感受着自然界的无限风光所带来的欢愉。但如英雄们所见，生活在这个地球也是极具挑战性的。成长道路荆棘遍布，从儿童到少年，从成年走向暮年，每个人的一生总要历经伤痛、贫穷、哀伤和最后的死亡。

快乐和悲伤在这个星球并存，因为这个美丽的星球本来就具有两面性——这是一个充满对立的世界。任何事物都存在它的对立面。有光明就会有黑暗，有近就有远，有上就有下，有左就有右，有热就有冷，我们人生的每个阶段都要面对这样的对立。朋友和敌人、恋爱和分手、安全和不确定、富有和贫穷、欣喜和绝望，还有每个人身上的正面和负面特质。在地球上，不论何物都有它的对立面。

因此，这个世界因为同时潜藏着满满的喜乐、莫大的爱、艰难的挑战、极端的痛苦而备受你的渴望。这就是你为何来到这里，想要在这个美丽而又充满未知的世界开始冒险。这就是你为何坚信在此处没有困难可以阻碍你去发现心中的英雄。这就是你为何迫不及待地想要开始这段英雄的旅程……因为你就是这个故事中的英雄。

即将开始旅程的你并非孤立无援。蕴藏在你身体里的与生俱来的能量，会帮助你实现梦想并克服你所遇到的每一个磨难、障碍以及挑战。然而成长在这个有限的物质世界，你的思想和意识难免会变得狭隘，这就意味着你或许遗忘了真实的自己，遗忘了身体里那股巨大的能量。你必须亲自把它们发掘出来。

完成这段旅程并将你内在最崇高的品质唤醒，你才能最终成为英雄。一项新的使命召唤着你的心——用你在旅途中的所见所闻，去帮助那些准备开始新征程的人。

接下来你将要认识的一些人已经开始了英雄的旅程。他们从世界各地聚集在一起，分享他们的故事和经历，从而帮助你开始自己的英雄之旅。

丽兹·玛瑞——来自美国

丽兹·玛瑞出生在纽约一个十分贫困的家庭，父母都是吸毒者。她母亲去世后，父亲进了收容所，当时丽兹还只是个孩子，却无家可归。丽兹被迫辍学，睡在楼梯间里，靠着去商店偷来的食物存活，然而那时她的心中萌生出去哈佛大学读书的惊人梦想。四年后丽兹实现了这个梦想，她通过分享自己的故事成为畅销书作家和全世界最受欢迎的励志演说家之一。

吉姆·拉奥——来自印度

吉姆·拉奥在印度一个没有通电也没有电话的小村庄长大，村子里的人必须排队领取定额分配的食物。尽管拉奥初中时的第一次考试就不及格，但他依然梦想着投身商业，因为这样有一天就能有赖以维生的事业和不错的房子。幸运的是，他十分善于把握每一个机会。最初他开办了一家麻纺厂，后来生意越做越大，现在拉奥的商业帝国囊括了电厂、机场和高速公路建设以及城市发展等产业。

莱尔德·汉密尔顿——来自美国

莱尔德·汉密尔顿成长于夏威夷的一个单亲家庭。他常常受到歧视和排斥，因此意识到自己要快速成长，他渴望自己的冲浪才能得到别人的认可，于是总要挑战那些冲浪者无法抵达的禁区。极度危险的冲浪运动曾令他伤痕累累，他多次骨折，甚至有几次在海里失踪，然而莱尔德·汉密尔顿依然尝试着挑战极限，践行自己的梦想，最终他成为大家所熟悉的最果敢的搏击风浪的勇士。

阿纳斯塔西娅·索阿雷——来自罗马尼亚

阿纳斯塔西娅·索阿雷跟随年轻的父母在冷战进行到白热化时逃离了罗马尼亚，去寻求更好的生活。十四岁的阿纳斯塔西娅来到了洛杉矶，当时的她身无分文，也不会讲英语，她在一家美容中心每天需要辛苦劳作十四个小时。后来她意识到必须换份工作，否则生活将陷于死水，于是她决定自己做些生意——地点选在贝弗利山庄。阿纳斯塔西娅特有的修眉技术令她迅速获得了成功，数年间她凭此技艺在全美甚至全球建立起了她的美妆帝国。

保罗·奥法里——来自美国

保罗·奥法里患有严重的阅读障碍和注意力不集中症，这让他的校园生活痛苦不堪。尽管无法阅读，但他依然梦想着有一天能够创立一家比IBM还要大的公司。为了克服读写方面的困难，保罗训练出了敏锐的观察力，有一天这种能力让排队等候复印材料的保罗突然发现了市场需求——廉价的复印和打印服务。金考公司的诞生正是源于这个发现，最终它成长为资产达十亿美元的快印巨头。

彼得·布瓦希——来自加拿大

彼得·布瓦希年轻时是一位冰球运动员，后来一次严重的冰上碰撞导致他下半身瘫痪。他发誓如果能够康复他将永远不碰冰球。他没有食言，在他重新站起来的一小时之后，彼得收拾好行囊开始了他的网球职业征程。尽管没能成为顶尖的网球运动员，彼得却成为有史以来最受人尊敬的网球教练，并创立了全球最大的网球管理公司。

马斯丁·基普——来自美国

马斯丁·基普曾经意气风发，是洛杉矶一家音乐公司最年轻的中层行政长官。然而后来因为沉迷于酒精和毒品，遭遇了人生最惨痛的打击，他被解雇了。虽然失去了一切物质财富，他却收获了精神上的充盈，马斯丁开始重塑自己的人生，后来他建立了名为The Daily Love（日行一善）的网站、开通了邮箱和推特账户并迅速积累起人气，由此成为一个向他人传递正能量的博主和作家。

皮特·卡罗尔——来自美国

皮特·卡罗尔一直梦想着做一件事——从事体育并成为一名职业运动员。然而这个梦想却因为他没能顺利进入美国橄榄球联赛而终止。这个打击让皮特不知道职业和人生该何去何从——后来他意识到自己的梦想依然可以实现，只是以一种自己从未设想过的方式。皮特成了一名橄榄球教练，尽管他作为职业教练的道路充满了坎坷，但他却成为有史以来最励志的教练，最近他作为西雅图海鹰队的执教者还被美国国家橄榄球联盟评选为年度最佳教练。

迈克尔·阿克顿·史密斯——来自英格兰

大学毕业后，迈克尔·阿克顿·史密斯一直没有找到工作。于是他决定创业，但因为无法从银行贷款，他从母亲那里借来了1000英镑。经历了数次失败后，他濒临破产的边缘，但迈克尔依然坚信他的新创意能一鸣惊人。果不其然，他的虚拟产品摩西怪物风靡英格兰，并迅速在全球儿童游戏市场占据了一席之地。

莱恩·比奇利——来自澳大利亚

莱恩·比奇利年仅七岁时母亲不幸去世。不久之后，她被人收养。当时的她心中满是失落，仿佛被抛弃了，为了证明自己的价值——她立志成为冲浪世界冠军。莱恩·比奇利的目标最终实现了，她七次荣获世界冠军，该成就至今无人能及，她也成为世界上最优秀的女性冲浪运动员。

约翰·保罗·德约里尔——来自美国

　　童年时的约翰·保罗·德约里尔因为母亲生病无法工作，失去照管的他和哥哥被安置在寄养家庭达四年半之久。兄弟俩最后沦落为东洛杉矶街头的小混混，约翰的高中老师断言他将一事无成。二十几岁时约翰·保罗甚至和他年幼的儿子挤住在破车里，每天靠捡饮料瓶卖钱维生，看起来那位老师的断言即将成真。不过约翰·保罗自此发奋，在连续三次被解雇之后，他和保罗·米切尔合作，利用仅有的700美元开办了一家美发产品公司。现在的约翰·保罗·米切尔系统公司一年的利润已超10亿美元。

彼得·弗约——来自美国

　　彼得·弗约来自美国一个勤劳的移民家庭。在孩童时代，彼得常常幻想着未来科技感十足的世界，比如城市的动力来自太阳能，电话是便携式的。长大一些后，彼得梦想着自己能够创立一家庞大且成功的公司并成为拉丁美洲地区最卓越的行政长官。每个人都笑话他这根本不可能实现，但彼得最终实现了他的梦想，他成为墨西哥耐克斯通讯公司总裁时年仅三十三岁。

至于我，生长在澳大利亚一个异常普通的工薪家庭。年轻时我胸无大志，因为我认为伟大的梦想距我太过遥远。但在2004年，我发现了一个秘密，从此我的生活永远被改变了，我的心中升腾起一个伟大的梦想——和全世界分享我所发现的秘密。2006年，《秘密》的纪录片和图书面世并风靡全球，世界上有数百万人阅读了我的著作。

如果你一如年轻时的我，从来不敢奢望有梦想，因为根本不相信它们会实现，那么现在的你需要明白在这即将踏上的旅途中，你将收获一切让你梦想成真的事物——不论你的梦想看似多么遥不可及——最终都会成真。

这是你的故事。这是你的目标。这是你为何会来到这个星球——踏上英雄的旅程去寻找你心中的英雄的缘由。这段旅程将赋予你宝贵的智慧，再加上你自身强大的能力，能够助你实现梦想并找到完美永恒的幸福，这份幸福是我们每个人都梦寐以求的。不论你现在的生活境况如何，也不论你现在的年龄多大，追寻梦想永远不嫌太迟。

第一部分

梦想

召唤

冒险的召唤

克服万难

这世上从来没有完美的人生。假若你拥有了这样的人生，就缺失了奋斗的理由，你不必为改善自己的生活努力打拼。你甚至不再有任何梦想。不论你出生在何种环境，也不论你的家庭和教育环境如何，你来到这世上是为了让梦想成真，不管你现在身处何处，你都已具备实现梦想的所有条件！

阿纳斯塔西娅·索阿雷

创始人——阿纳斯塔西娅贝弗利山庄

我是白手起家。我开始时真的可以说是一无所有。我们没有钱。我也不会说英语，对西方世界的规则一无所知——包括他们的思想观念、经济体系等。我甚至不知道怎样开支票，因为在罗马尼亚根本就没这东西。我的学习就是从字母表开始的。

保罗·奥法里

创始人——金考公司

很少有孩子小学二年级就考试不及格，而我就是其中一个。我学不会字母，无法阅读，还处处惹麻烦。我没法控制自己，脾气暴躁，高中时最终被开除，而那时我只有十六岁。

通常我们所生活的环境越艰窘，遇到的困难越多，促使我们追求梦想的动力就会越强烈。

彼得·弗约

总裁——墨西哥耐克斯通讯公司

父母刚移民到美国时，我们一无所有。印象中我穿的裤子总是盖不住脚踝。我的父亲之前是一位将军，来到美国后就沦为一个清扫烟囱的工人，一直到他去世。

莱尔德·汉密尔顿

冲浪运动员

我成长于种族关系剑拔弩张的环境里，那里的人因我的出身而对我充满厌恶。

"我具备了成功所需要的所有劣势。"

拉里·埃里森

甲骨文公司创始人

约翰·保罗·德约里尔

创始人——约翰·保罗·米切尔系统公司

那年我二十三岁，我的儿子刚满两岁半，妻子离我而去并带走了一切。我们三个月没钱交房租，房东因此将我们扫地出门。我们最后只能栖身车里，还必须四处寻找饮料瓶拿去换钱。

作为一个身处如此恶劣环境的年轻人，很难相信约翰·保罗可以创立生产美发产品的约翰·保罗·米切尔系统公司并获得巨大成功。约翰·保罗缔造了他最初根本无法想象的人生，而促成他成功的那些品质现在就潜藏于你身上。

吉姆·拉奥

机械工程师，创始人——GMR集团

刚开始的时候我一无所有。我所生活的那个村庄很小——只有5000人。那里没有电话也没有电。一瓶冰水都要几个人分着喝，每个月我们都会排队等着领取配额的糖和牛奶。

不论你出生在印度、澳大利亚、美国、法国还是新加坡，你所生长的环境并不能决定你今后的生活。你的身上不缺少实现梦想的能量和品质。你体内潜藏着能助你实现梦想的一切要素，即便眼前看似困难重重。

皮特·卡罗尔

橄榄球教练——西雅图海鹰队

大学时的我是橄榄球队队员，之后我试图进入美国职业球队，盼望有朝一日能同世界其他顶尖橄榄球员竞技。可是在最后一次被淘汰之后我整个人都蒙了。我失去了方向，因为一直以来我唯一的梦想就是打比赛。现在突然要我直面现实——我该何去何从？

在经历了冰球场上一次危及生命的受伤之后，彼得·布瓦希开始了他的网球生涯，虽然他的职业网球排名一直不理想，在各大比赛中也未斩获名次。身无分文的他，时常将一根过期的面包棒切成很多片，再配上一罐花生酱，这就是他四五天的口粮。七年网球生涯一直都默默无闻的彼得，最后被迫退役，但他很快又找到了自己的位置，然而这次成功的机会依然看似渺茫。

彼得·布瓦希

网球教练，创始人——彼得·布瓦希国际

在我们的网球管理公司建立之初，还有十六家公司也从事此类生意。我们的公司相较而言资金最少又缺乏融资，专业信誉度也最低。我们的办公室甚至连椅子都没有，所以刚开始的几年我们都是坐在地板上开会的。

你的梦想能否实现并非由外部世界决定，也不取决于你有多少钱，受过多少教育，你认识什么人，甚至于你有多少经验。它取决于你能否发现自身蕴藏的能力，以及能否运用这些能力克服各种困难，这是每一个成功人士的秘诀，你也可以用它获得成功。

迈克尔·阿克顿·史密斯

创始人——Mind Candy公司

我大学时代的一个朋友叫汤姆，我俩决定一起创业。那时我们没有多少钱，事实上，我们还欠着学费。我们创业的启动资金是这样来的，有一次我们在报纸上看到一则广告，药厂要对一种治疗偏头疼的新药进行临床实验，需要招募志愿者。于是我们就报了名，事后我们每人得到了400英镑的酬劳。知道我的所作所为后妈妈吓坏了，我想这也是她一直对

我的创业大力支持的原因之一，她给了我俩每人1000英镑，

而汤姆的父母则向我们提供了一个阁楼。

十年前我的人生一帆风顺，在电视行业我已经小有成就，突然之间一切都急转直下，短短数月间我的整个世界都坍塌了。我陷入了绝望，但就在这时我发现了一个秘密，这也成了我的电影和第一本书的素材。即便一场大火将你所有的一切烧得一干二净，灰烬之中总会再次燃起希望之火。

马斯丁·基普

励志作家，创始人——The Daily Love网站

刚来好莱坞时我梦想成为一个音乐经理人。不过很遗憾——好莱坞的环境显然并不适合我。我开始吸毒、酗酒，人生跌落至谷底。一周之内我的投资全部撤资，生意合伙人和我分道扬镳，室友限我三天之内搬家，脚上的痛风病犯了，腰也扭伤了，当时的女友和我分手了。可以说，我的人生在短短一周之内变得支离破碎。之后我便开始了一段漫长而又痛苦的旅程，那是一段我庆幸自己能坚持却不愿再经历的艰难时光。我仿佛置身于飓风之中，而后突然顿悟：或许这一切都是神的安排?

丽兹·玛瑞

哈佛高才生，作家和演说家

我曾经有过一段幸福时光，但好像突然之间我失去了一切。母亲去世了，我和父亲逐渐疏远，他后来进了收容所，接着我的舅舅——一直被我视为我人生中最大的守护天使的那个人——也突然离我而去。我无家可归。原本拥有的一切突然之间都消失了。我记得当时冥冥中有种感觉，在逆境中潜藏着无限可能，因为人的一生总是变幻莫测的。

生活或许充满了艰辛，就像丽兹·玛瑞所经历的那样，但这样的生活也令丽兹的心中燃起了强烈的渴望，这种渴望激励她脱离纽约颠沛流离的生活，走进了哈佛大学。当你渴望成就一番事业时，你将获得强大的能量，它可以助你突破自身的局限，打开当前困顿的局面。

实现你的梦想，你将成就属于自己的那份伟大。所谓伟大并不是含着金汤匙出生。勇于追逐你的梦想并最终发现潜藏于心中的英雄才能称之为伟大。

心灵的召唤

　　每个人天生都拥有一种能力或天赋。这种特殊的能力来自你心灵的召唤。尽管是与生俱来的，但大多数人却未曾关注，更不必说响应这种召唤了。

　　来自心灵的召唤，能够赋予你对生活前所未有的动力。你将为之着迷，为之痴狂，这种召唤能让你满怀喜悦，在你响应召唤时，让你内心充满火一般的热情。

　　这种召唤或许是想要获得成就的强烈渴望，不论在商业、体育、工作还是职业生涯方面。这种召唤又或许是你的爱好。这一爱好是引导你抵达召唤的线索，你为之全身心投入、不知疲倦。很多人的爱好会转换成宏伟的梦想，并最终成就一番伟大的事业。

迈克尔·阿克顿·史密斯

我很小的时候热衷的一件事是游戏。我喜欢玩。我想这是我们生活中很重要的一部分。因此我最大的梦想，就是能够经营一家游戏公司，设计游戏，娱乐大众。

皮特·卡罗尔

十三岁开始我已经是训练营的一名教练，但当时的我并未认为这是我的梦想之事。后来我重新回到大学，成为太平洋大学球队的教练，那时的我才开始反思，"或许，这是离参加橄榄球比赛最近的工作了。"那是我真正迈向教练生涯的第一步。

来自心灵的召唤或许是幻想着成为某个大人物，或许是去做完全不可能发生之事，如果你不停思考如何实现梦想，你的生活将会充满无与伦比的喜乐和成就感。不论这个梦想看似多么遥不可及，你的心灵将驱使你去追随这一召唤。

丽兹·玛瑞

在纽约我曾经睡过别人家的门廊。我从商店里偷奥利奥和小零食，睡觉时我会枕着书包入眠。我所拥有的一切都在这书包里——我的日记本、衣服，还有母亲的照片，那张照片我从不离身。头枕着书包，睡在门廊上，我会梦到生活变得稳定而富足。我一定能够摆脱这种生活，对此我深信不疑，不光是为了自己能过上更好的生活，还要让其他人也过上更好的生活。

不管你是否记得，你的人生已经经历过数次这样的召唤。或许你还是个孩子时，你的心灵就向你发出召唤，这时你确定了自己长大后想从事的工作。但是后来用心良苦的父母和老师，乃至整个社会用有限的选择，限定了我们未来的框架，我们因此屏蔽了来自心灵的召唤，同时也扼杀了内心的梦想。

彼得·弗约

还是个孩童之时，我的脑海里就充盈着许多不可思议的想法。那时手机还没有发明，我幻想着如果电话没有电线，能够拿在手上，那该是一件多棒的事情啊。假如将一张卡片插入加油泵就能实现自动加油该有多神奇？假如让太阳为城市提供能源该有多神奇？我梦想着创办一家大公司，赚很多很多的钱，成为拉丁美洲最杰出的总裁。

来自心灵的呼唤可以出现在每一个看似平凡的时刻，或许是在你看到了、读到了或是听到了什么之后。突然，某种感觉像闪电一般击中了你，那么这个平凡的时刻就会成为你人生中具有决定性的一瞬间。

吉姆·拉奥

上学时我的数学老师曾说："每个人生都有一个目标，我们需要实现这一目标，这将是我们一生最大的成就。"这句话点燃了我的渴望，激励我追寻内心的召唤，并最终实现它。

莱尔德·汉密尔顿

我很小的时候，父亲离开了母亲，那时的我必须要像男子汉一样。这促使我做出了一个决定，我一定要出人头地。

为了挣脱艰难的生活环境，改变自己命运的强烈渴望在莱尔德·汉密尔顿内心燃起。他听到了召唤，并响应了它，在成就自我梦想、成为一名优秀的冲浪运动员的同时，他也激励了全世界数百万追求梦想的人。

对于莱恩·比奇利，心灵的召唤同样来自不幸的童年生活。莱恩年仅七岁时，她母亲突然去世。之后，莱恩才得知自己是被收养的。她的亲生母亲因为一次约会被强暴才有了她，生下莱恩时其母只有十七岁。

支撑莱恩生活的基石坍塌了。不过正是童年丧母的这段不幸经历，才促使这位澳大利亚姑娘成为世界上最优秀的运动员之一。

莱恩·比奇利

七次世界级冲浪比赛冠军

坦白地说，被人收养的这段经历激励我成为世界冠军。我选择冲浪之前，成为世界冠军是我最大的梦想。我只想成为世界上最棒的那个。我感觉需要向全世界去证明我自己。

保罗·奥法里

我想要什么，对此我从未有过怀疑。我就是想拥有自己的生意。不管什么生意都好。我曾看着IBM大厦在心里默想："我想要有一家比那更大的公司。"

因为患有严重的阅读障碍和注意力不集中症，保罗·奥法里没法读书和写字，但他依然对生活满怀憧憬。他创立了金考公司，这家资产数十亿的公司为数千人提供了就业岗位。在这个充满矛盾的世界里，任何逆境都孕育着希望；而保罗将他自身的缺陷转化为了优势。

阿纳斯塔西娅·索阿雷曾梦想着逃离罗马尼亚。她计划了整整三年，等待有时机带着女儿一起逃跑。她冒了很大的风险，最终来到了美国，那时的阿纳斯塔西娅又面临了另一个重大的抉择。她需要一天工作十四个小时才能养活全家，除非她做出改变，否则她的生活将一直这样下去。

阿纳斯塔西娅·索阿雷

我需要做些事情。我需要去证明并发现我到底是谁，我的价值是怎样的。我不认为这件事易如反掌，相反我害怕极了。可是我坚信："这就是我来到这个国家的目的，这是一个充

满机会的国家。我必须去尝试，否则，我为何而来？要过比
在罗马尼亚还糟糕的生活吗？绝不。"

在罗马尼亚的艰辛生活造就了阿纳斯塔西娅坚强的性格，坚定的信念使她克服重重困难，最终实现梦想创立了自己的公司。她的公司扩张为在全美拥有1000家门店、其他国家超过600家门店，并在世界各国设立美容沙龙的庞大帝国。

生活并非只有逆境。每一个逆境的背后都隐藏着它的对立面，所谓祸兮福之所倚，生活不在于一个个挫折和打击的接踵而至，而在于你如何发觉并抓住隐藏于其中的绝佳机会！

除非你尝试了实现梦想的各种可能，否则就不能称之为响应心灵的召唤。如果你连实现梦想最基本的努力都不愿付出，你就不配说拥有梦想。你的梦想在召唤你去争取所能拥有的最好生活，你的梦想在召唤你去发现内心的英雄。

马斯丁·基普

我成长于一个相对安逸的环境。我的父母很优秀，这种家庭
环境确实为我遮蔽了不少风雨。当我走出家庭的庇护，看到

了别人内心的痛苦，我意识到自己需尽一份力。不过，我的
生活安稳自足，于是我的梦想便是将大众文化与智慧相结
合，并让这股潮流影响到尽可能多的人。

假如你听到了心灵的召唤却没有响应它，是因为你害怕或者不相信你能够实现它，有时候你所处的环境会推动你去追寻梦想，这就是我的经历。

我曾经在一家广播电视公司做制片人，我梦想着能成立自己的电视制作公司。要不是后来的遭遇，我或许永远不可能实现这个梦想，因为我要养活家庭，当时的工作不错，我需要钱来生活和还房贷。尽管有很多人鼓励我创办自己的公司，但我无法下定决心放弃现有的这份稳定。

后来，我被解雇了。当时的我完全不知所措。我们吃什么？我们怎么支付女儿们的学费？我们如何偿还房贷？

一种选择是我到另一家电视公司找份工作，但我不敢想象重蹈覆辙会是怎样的结果。我突然发现，现在的我再没有什么可失去的了，于是我萌生了一个创意，就在我简陋的家里摆上塑料桌椅做一档电视节目。我为之努力并给这档节目搭了个棚子，尽管当时我真不知该如何下手。我坚信这个创意能够成功，因此胆战心惊地将它告诉了一家电视公司的负责人。这档节目当场被拍板通过，播出后立刻引起轰动，并收视长红。

尽管遭遇被解雇，但当时的环境却恰巧促使我响应了内心的召唤，直到今天我依然感谢那家电视公司炒了我鱿鱼。没有那段经历，我或许不会选择追寻自己的梦想，我也将因此错过人生中最令人激动和最富有成就感的旅程。

背离召唤

背离召唤

莱尔德·汉密尔顿

如果不去追寻梦想，那么你所有的冒险都是徒劳。心如死灰之木。人生将变得空洞，没有成就感，也没有满足感，你的生命丧失了喜乐。这是多么悲哀的事情。

当你拒绝心灵的召唤，不去追逐梦想，你恐怕就会落入平庸而痛苦的生活，不论你做什么，不论你获得怎样的物质满足，如果心灵得不到愉悦，在你生命走向终点时，包围你的一定是巨大的失落和悔恨。不要让这成为你的人生故事。不论年轻或是衰老，你都要活出精彩的人生！追逐梦想看似要冒很大的风险，但错过你的人生难道不是最大的冒险？

迈克尔·阿克顿·史密斯

从来不给梦想任何机会是最大的失败。

吉姆·拉奥

当你放弃对梦想和激情的追逐，那么你所为之努力的东西就会变成一个牢笼，即便它是用金子做的。因为躯体缺少了灵魂！你的生活将充满沮丧、乏味，最终将完全失去存在的价值。

听从内心的召唤，勇敢追逐梦想，这其实很简单。拒绝心灵的召唤反而是一件难事，因为你要冒着失去人生所有欢乐和激情的风险，你的生活将变得毫无意义。

或许最初你热爱目前的工作，而慢慢地，工作变成了一种折磨。这就意味着目前的工作并非那个最终的召唤，你需要深入内心，问一问自己是否将梦想遗落到了某个角落。

莱恩·比奇利

如果你做任何事都无法让内心欢悦，那么你将失去每天奋斗的激情，接着你也将会失去在这个地球存活下去的意义。

迈克尔·阿克顿·史密斯

人生短暂，不允许提前彩排。你要扼紧命运的咽喉，去经历尽可能多的事，交往尽可能多的人。人生绝不是坐在沙发上，看着肥皂剧感慨人生重来或许会是什么样子。

丽兹·玛瑞

圣诞节后我们安葬了母亲，那时我只有十六岁。我们没钱为母亲举办葬礼，所以她只是被简单地安放在松木做的棺材里，然后用钉子封上盖子。他们在上面标注了"头"和"脚"。这是我最难过的事情。我们的生活虽然贫困，但彼此间感情很好，母亲会坐在我的床边和我分享她的梦想。她希望勤俭持家，拥有属于自己的房子，过上好一点的生活。在她生命的最后的时日，她总说要抽出时间做些事，但不是现在，她以后会去做的；她一直说以后会去做的。突然间，我意识到自己的人生好像也在重复母亲所言，我以后会去做的。

你或许认为："我还有时间去追寻梦想。"错了，你没有时间。生命短暂。人的寿命大概是24,869天。有人能活得更长或更短，不管怎样，这有限的时日对你而言非常珍贵，所以你没有时间再搁置梦想。现在不做以后或许再没机会做了。现在不行动，你就会一直拖延，就永远都无法实现梦想。**请现在就行动起来！**

"'等待'是一种绝症，它会让你遗憾地将梦想带入坟墓……"

蒂莫西·费里斯
《每周工作四小时》作者

能够意识到没有人可助你实现梦想是很重要的一步。你的老板、朋友、搭档、家人和子女都没法代替你去活。你有责任为自己创造一个充满喜乐和成就感的生活，没有人可代替你去做这件事。

迈克尔·阿克顿·史密斯

人们需要做的最重要之事就是为自己的行为负责。抱怨你的家庭环境或囊中羞涩太过容易。但如果你能够停下来说："你知道吗？除了你自己，没有人可以为你的人生负责。"那么这将是你人生最重要的一步，由此你将意识到需重塑人生。你需要改变思维定式。你需要换一份工作。你需要做出改变从而让自己的人生就此不同。

丽兹·玛瑞

当我们还是孩子时，会有大人们不再拥有的心境。一切事物都新鲜而又让人惊奇，一切皆有可能发生。但是到了后来，我们遭遇了失败、被拒绝，品尝到了失望。我们的内心也因此变化，开始战战兢兢地对待人生。想一想如果每天你醒来时能够说："我去追寻自己想要的会怎样呢？比如我的梦想？"请按下闹铃，坐起身来，尽管去追寻吧。让那份魔力重回你的生活，去追逐那无限的可能。

你或许害怕追求你所渴望的东西，因为你害怕失败，但请记住一定要为实现梦想进行必要的准备，然后再去响应心灵的召唤。

莱尔德·汉密尔顿

对失败的恐惧会阻止许多人的行动。我的母亲过去总是说，如果我们成了自己的绊脚石——就终止了自己前进的路。

另一种阻碍我们前进的情况是，认为自己想不出好办法或是没有好机会，并将这作为不去奋斗的借口。如果你认为没有好机会，看看保罗·奥法里是如何轻松地获得黄金机会的。

在排队等待使用图书馆的复印机时，保罗·奥法里发现了别人没发觉的机会。他思索着："这里有人排队，那么其他地方也一定如此。"金考公司，正是从这个简简单单的观察中诞生的。

保罗·奥法里

如果说我有什么长处的话，那就是我知道活在当下。不这样做的话，你就不会发现机会。

迈克尔·阿克顿·史密斯

很多人看到成功人士时总是会不以为然地说："是他们比较幸运。"可是只有你自己能为你的生活创造运气，当机会向你靠近时，你却选择从它们旁边绕了过去。

阿纳斯塔西娅·索阿雷

机会每天都会来到我们面前。这就好像在一个火车站；人人都在这里等车，有些车停在了某些人的面前，但他们恰巧闭着眼。他们没有睁开眼搭上属于自己的列车。事实上机会无处不在。

吉姆·拉奥

你不需要憧憬着去完成什么伟业，只要静静等待你人生的机会出现。

"人们总是会告诉你，好机会已被别人抢走了；而事实上，我们的世界瞬息万变，新的机会从四面八方涌来，这其中当然也包括你的机会。"

肯·哈库塔——时尚博士
发明家

虚幻的安全感

　　别让金钱和安全感主宰你的选择。生活总是充满了变化；公司易主、破产或是迁移海外，失业或者经济不景气，都会给你的生活带来巨大的倒退。你失去了工作、存款甚至房子，婚姻走向尽头，健康开始出现问题，如此种种会将你一度认为牢不可破的安全感击得粉碎。在安全感和追逐梦想之间我选择了前者，当我被解雇时，才突然明白我一直自以为拥有的安全感只是我的幻觉。真正的安全感是明白其实没有绝对的安全，正因为如此，你才会努力让自己的每一天都过得无比充实。

马斯丁·基普

家人和朋友都很爱你，他们总是希望你能过得很好，除非你运气不佳，碰上了不负责任的父母或者糟糕的生活环境，一般来说亲朋总是希望你能有好的经济来源，这样你才会有稳定感和安全感。

迈克尔·阿克顿·史密斯

远离安逸的环境和收入不菲的工作，短期看来确实很痛苦，但更痛苦的是平庸地生活数十年。或许你找到了喜欢的工作，但工资却比从前低很多，短时间里你会感到痛苦。但这

些痛苦都是暂时的，因为你一旦找到喜欢的工作，无论通过
何种方式你终将获得成功。

吉姆·拉奥

不要因为那些蝇头小利就放弃自己喜欢的事业。你的专长最
终会为你带来所需要的财富和安全感。或许最初卑微艰难，
然而一旦机会成熟，一切都将水到渠成。

每个人都可能被安全感的假象所迷惑；很多人收入很高，但工作
对他们而言却是种折磨，他们和那些贫穷的人一样，完全没有成就感
和幸福可言。

莱尔德·汉密尔顿

钱对于你来说意味着什么？如果你把它当作目标，那么最终它
会成为你的主人——金钱将时时刻刻主宰和控制你的人生。

物质财富的确很有吸引力，拥有财富是人生至乐之一，不过受
到周遭环境的影响，我们开始错误地把物质财富的积累当成人生的目
标。假如这真是我们的目标，那么有了钱我们应该会拥有无与伦比的
幸福感、成就感和满足感，无须再用金钱去购买其他东西。获得和体
验到的幸福感也不会转瞬即逝，而会恒久驻留。

如果积累财富真的是我们人生的目标，那么我们离开某地时这些财富应该会跟随而至。如果真是如此，早上出去取报纸时，你会发觉对街老家伙乔治的房子突然消失了，因为他已带着它一起离去。事实上我们无法携带财富一起离开，因为它们并非我们生命的一部分，虽然它们给我们的生活带来了欢愉，但其绝非生活的目标。

莱恩·比奇利

它很困难，又充满挑战，我为此付出了巨大的牺牲，但我甘之若饴，因为对我而言，成为世界冠军的梦想比赚钱重要得多。

我们需要食物、住所和衣服，然而仅仅只追求物质会把我们束缚起来，让我们无法获得生活的满足感。不要将追求物质作为人生的目标而放弃自己的梦想，那样真是舍本逐末。事实上，当你选择放下安逸去追求梦想时，你就获得了一切，当然也包括物质的丰裕和生活的满足感。

此外，如果你所收获的用金钱无法买到，你心中就会产生巨大的成就感和满足感。当然，你会因此更努力地去追寻自己的梦想，在这段英雄的征程中，如果你能够收获无与伦比的成就感，那么你现在所追求的无疑是你心灵深处最渴望的。在完成目标的过程中，内心产生的满足和愉悦将会伴随你的一生。

不要在生命快要终结时，慨叹这一生毫无建树。生命如此短暂。如果违背了自己的内心，你将无法感到幸福，因为真正的幸福源自梦想的实现。想象自己在生命尽头时心中了无遗憾，或是当自己回首往事时，心中充盈着巨大的满足，那种感觉是多么美妙。

丽兹·玛瑞

你是否听过这样的说法，"没写完你的人生乐章前要好好活下去"？夜晚入睡前，我们每个人都心怀美好的梦想。即便你不去理睬内心的呼唤，它却一直藏在你的心底。这是蕴藏在你身体里的一股能量，你无法使其消失。这是成就你作为生命个体的一部分。所以，在入睡前如果你感受到某种召唤，却刻意忽视它，那么梦想就会被深锁在你心底。对我而言这是最糟糕之事……因为你永远都无法完成人生的乐章了。

我的一位朋友在电视行业浸淫多年，公司经历了重大变革，后来她也失去了工作。她的内心十分清楚自己最迫切的渴望，那就是成为一名电影导演，于是她开始为自己的梦想和生活做新的规划。然而在她想抓住机会去实现自己的导演梦前，她又接到了另一家电视公司的邀约，薪酬待遇十分优厚。最终她接受了那份工作，而她的梦想以及新生活的所有可能也随之消失了。

迈克尔·阿克顿·史密斯

我不想在生命终结时，无奈地躺在病床上，设想着当初如果做了这些事，人生将多么不同。

阿纳斯塔西娅·索阿雷

你有什么好失去的呢？你必须去尝试，否则你永远都不知自己是否能够成功。这种感觉很痛苦……对我来说，太痛苦了。

保罗·奥法里

我总是鼓励学生们在大学时就开始创业。对你而言最糟的状况会是怎样？你至少还有父母可以依靠。这无关经历——无所畏惧地去开创属于你的事业吧。

马斯丁·基普

很多人不敢放手一搏，因为他们未经历过足够的苦痛。通常人们只有在走投无路时才会孤注一掷，总有一天他们的疲倦和厌恶达到了极点，才会说："我再也忍受不下去了。"

保罗·奥法里

或许你被目前的工作折磨得苦不堪言，但事实上此时的你前所未有地接近心底的梦想，只要你愿意做出改变，就能获得心灵的愉悦。

不要等到你狼狈至极才思索要改变。现在就去改变！对你而言，没有什么比幸福感和成就感更重要。尽管你认为目前的生活十分舒适惬意，或者你因承担家庭重担不愿做出改变，但改变的决定不论什么时候做出都不嫌晚——成就梦想的方法有千千万万，而且实现理想比你想象的要容易得多。

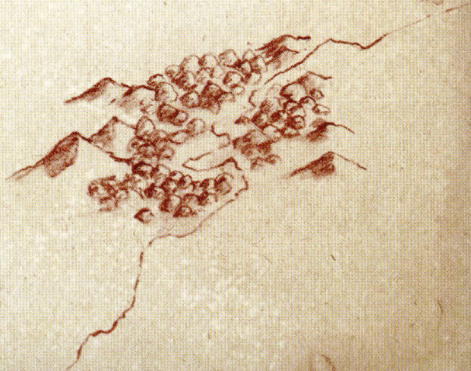

寻找你的梦想

寻找你的梦想

彼得·弗约

人真正的失败在于——追问自己的人生意义何在？

莱恩·比奇利

你想要什么？把你的手放在心口，然后追问自己，我到底想要什么？第一个在脑海里闪现出的，就是最佳答案。

　　将你过去对于生活的态度、信念和结论通通抛弃，因为正是这些让你没法看清自己真正的梦想。不要拿自己和其他人做对比，因为你的潜力是地球上的其他人所没有的。抛弃短浅的目光和狭隘的思想，为自己设想更多的可能。如果你能将人生中已经积累下来的重负全部舍弃，一觉醒来你会感觉精神焕发，眼前一片光明，无限的可能也将随之涌入你的生活！

莱恩·比奇利

人们总试图从外部了解自己，但唯有深入内心，你才能真正了悟。

约翰·保罗·德约里尔

我们总不清楚自己想要什么，但是我们很清楚自己不想要什么。不要纠结于自己不想要什么，继续前进。这就好比，如果你乘火车感到不适，大可以下车。否则，你永远不可能经历其他的旅行方式。要为自己争取体验其他经历的机会。

马斯丁·基普

回顾你感觉幸福的时刻，那时的你感觉容光焕发，精神异常饱满，时间好像也过得飞快。请仔细思考："什么时候的我感觉最激动？什么时候的我是真正开心的？"尽管这只是你生命中几个短暂的瞬间，但正是这几个瞬间暗示了你真正的梦想是什么。

吉姆·拉奥

人们在憧憬未来时，总会不经意地触及心底真实的梦想。

如果可以选择你最想做什么？如果不必考虑金钱你会去做什么？如果注定能够成功你会去做什么？在你提出任何问题，或者探问人生有何意义时，宇宙将为你传送答案。这答案并非来自你的潜意识；但冥冥之中你却能感应到它。事实上它来自宇宙意识。

莱恩·比奇利

许多人终其一生，对自己的梦想和人生目标毫无体察，因为我们从不愿花时间探问内心。对我而言，弄清自己的真实感受异常重要。如果你不这样做，就像是迷失在茫茫大海中的一叶孤舟。

在你提问之前，让自己保持放松和平静，先问自己一个简单的问题，比如："我的人生目标是什么？"或者"我打算做些什么？"或者，"我此生为何而来？"不要急于解答，让这些问题慢慢地盘旋在空中。保持一分钟的安静，仔细感受是什么在慢慢地接近你，要深入体察自己今天最想要干什么。

答案会在你的脑海中突然闪现，即便是你正专注于其他琐事时。当你得到答案时不要进行猜疑，只要去思考如何努力才能够更接近这个答案。

莱尔德·汉密尔顿

你要倾听自我，进入内在的世界，保持平和。到森林里或大海边，找一个静谧的地方能让你听到内心的声音。你的内心会告诉你答案。答案就在你的心里，且一直都在，只是你把它深藏在了某个角落。

约翰·保罗·德约里尔

如果你能将内心向宇宙敞开，答案将追随而来。

一位叫萨拉·布莱克利的女士希望拥有价值数百万美元的生意，这是她最大的梦想。于是萨拉开始寻求价值数百万美元的创意。一天在她穿衣服时遇到了一些问题，于是她萌生了一个关于女士内衣的创意，这个创意成就了后来的斯潘科斯——它现在已经成为市值数百万美元的跨国公司。

彼得·布瓦希

成为企业家的另一种方法，是学会自问："在这个特殊的时刻，这个世界需要和想要什么？"

马斯丁·基普

"我如何能解决人们遇到的某个或某些难题？"学会自问，

然后思考答案是否和你的兴趣一致，这是你成功的关键。这也是你在精神、感情和经济上获得满足的最佳途径。

保罗·奥法里

金考公司的诞生源自一个提问。假如你已习惯于不去提问，是时候重新开始了。

如同建立了金考公司的保罗·奥法里和开创了斯潘科斯品牌的萨拉·布莱克利那样，创业者们喜欢提问。这就是为什么他们总能在恰当的时间获得完美的灵感，这也是这个世界最需要的品质。通过提问，创业者们有了新的想法，从这些想法中他们实现了事业的腾飞。

任何时候你都需要提问，询问你所需要的信息，谋求新的思想、解决方法以及最终的决议，你所追寻的答案将通过宇宙意识传递给你，并如同灵光一闪般浮现在你的脑海中。请尽力发掘你身上所蕴藏的不可思议的能量吧！

彼得·布瓦希

找准人生方向的一种方式是：找两张纸。在其中一张纸上写下你所擅长的，在另一张纸上写下你渴望有生之年能够完成的事，然后看看自己能否将两张纸上的事物联系起来。

马斯丁·基普

找到那些已然踏上征程的人，或者向那些从征途凯旋的人请教——"你是如何做到的？"让自己身处志同道合的人的环境中，获得尽可能多的激励性信息，这些信息可以是书本、DVD或者CD，你在接受这些信息时就会像世界最伟大的人那样思考。

莱恩·比奇利

你必须保持清醒。明澈的心境将赐予你力量。花时间弄清楚自己想要什么，接下来向这个目标不断进发。如果你不知道自己的目标，就是放任自己的人生被主宰。我从不允许自己的人生受限。

约翰·保罗·德约里尔

如果你梦想之事一无所成，那么在纸上写下希望达成的目标，清晨醒来时将这张纸摆在面前。不管用什么办法，让自己的注意力集中在这张纸上，你的思想将引导你不断接近目标。不论你的脑海中浮现怎样的画面，相信它一定能够实现。你脑海中预想的情境越多，它们转化成现实的可能性就越大。

皮特·卡罗尔

这并非什么复杂的事情。清楚地认知自己想要什么以及成为

什么样的人，这对我来说是显而易见的事。预设愿景能够调
动宇宙的力量，助我们达成想要创造的一切。

即便你仍然不清楚自己的梦想是什么，现在你依然可以通过行动来加速梦想，使其变为现实：全身心地投入你当下所做之事。就算你很清楚以后还要变换工作，你仍然要将自己的全部精力专注于目前的工作上，全力以赴地去完成它。通过这样的方式，你的精神状态将升华至更高层面，机会的大门终将敞开，并引领你去实现梦想！

莱尔德·汉密尔顿

母亲给我灌输了一个价值观：当你在做事情时，不论事情大小，都要使尽全力。即便你是一个清洁工，也要尽力清扫到最好。

约翰·保罗·德约里尔

成功对我而言并非能赚多少钱，而在于能把自己的分内工作完成得多好。不论你是门卫、商人或者飞行员，你做了什么以及做得如何，这些决定了你有多成功。

大梦想
以及小梦想

阿纳斯塔西娅·索阿雷

怀揣小小的梦想无可厚非。大梦想是为那些甘愿为其冒一切风险的人准备的。世上有小梦想，大梦想、还有疯狂的梦想。平庸的人生不配有疯狂的梦想。

迈克尔·阿克顿·史密斯

大部分人没有大的梦想。他们缺乏自信，认为一切让人兴奋之事只有他人才能达成。然而怀抱大的梦想非常重要，这使得人生生机盎然。若非如此，梦想就无法变为现实。

阿纳斯塔西娅·索阿雷

人们应该懂得有多少付出就有多少收获。生活中的一切就像是一个银行账户。只要你不吝于投入，就总能获得回报。别梦想着能不劳而获。这根本不可能发生。

有些人最初的梦想十分宏大，而有些人会从小梦想慢慢演变成他

们之前无法想象的宏大梦想。生活似乎告诉我们要学会勾画符合当下
境况的梦想。

吉姆·拉奥

一个个小的梦想，就像拼图的碎片一样，最终将拼凑成大梦
想。最开始，勾画梦想十分困难，但是你要知道，圣雄甘地
最初也并非心怀宏愿。他只是将自己想要实现的梦想不断向
前推进，最终，他成就了伟大的事业。

　　找出你的梦想并将它变为现实，那么你生活中其他较小的梦想
也会随之实现。二十多岁时我梦想着去到国外生活。我渴望在异国的
冒险和挑战，也希望能够体验不同文化给我带来的兴奋感。当我《秘
密》一书出版的梦想实现时，为了工作我需要从澳大利亚搬到美国，
此前一直搁置的梦想随着大梦想的实现也成真了。梦想是相互联系
的，一旦其中一个实现，其他的梦想也会随之成真。

　　或许你已经找到了梦想，或许你还不清楚自己的梦想是什么，不
管怎样，这里有一条简单的建议，假如你能采纳，它将推动你向心中
的梦想不断靠近。

追 随 你 的 幸 福

追随你的幸福

约瑟夫·坎贝尔是世界上最负盛名的神话学家，他用独到的见解向我们传递了这简单却深刻的人生信条：

"追随你的幸福。"

这句话可以成为你人生的指南针，它告诉你每时每刻前进的方向。幸福是你在做心爱之事时的心理感受，这种感受将成为牵引你走向梦想的丝线。当你追随幸福你将找寻到自己的梦想，并弄清你踏上寻梦之旅的原因。

尼克·伍德曼清楚自己的梦想是成为一名企业家，却不知道该在哪个行业施展才华。一次他和朋友去澳大利亚和印度尼西亚旅行时，在自己喜好的驱使下决定尝试冲浪，那一刻尼克灵光一闪，如果能有一台相机将他和朋友们冲浪的精彩瞬间捕捉下来该多么美妙。这个不起眼的想法催生了GoPro相机的诞生，尼克·伍德曼因此成为全球最年轻的资产过亿的企业家。

接踵而至的幸福

当你因为做着自己喜爱之事沉浸于幸福之中时，你体内就会散发出一种不可抵挡的强大气质，它能够让更多的幸福凝聚在你周围。尽管现在你心里仍一片迷茫，但你最终将在幸福的簇拥下找寻到自己的梦想。

莱恩·比奇利

想要每天都保持良好的心情，你需要有选择地做一些事。试问有多少人能做到这一点？又有多少人清楚何事能让他们保持愉悦并全身心投入其中？

当你下定决心每天去做那些能让自己开心的事时，你已经在追随幸福的脚步了。这件事或许微不足道，比如在公园或花园里找个地方静坐，把自己的双脚抬起来放松一下，或者是买一杯自己喜欢的咖啡而不急于一口气喝完，坐下来深呼吸，欣赏周遭的世界。不管这件事是否重要，每天保证做些让自己心情愉悦之事。不知不觉中，你就会被牵引着完成一件件让你获得更多幸福感的事，并且，通过完成它们，你将很快抓住命运之素，并由此找寻到自己的梦想和更美好的生活。

彼得·弗约

这是老生常谈，但我相信，充实地度过每一天，真的是一件十分重要的事。

迈克尔·阿克顿·史密斯

除了亲情和爱情，工作也是人生的重要组成部分。大部分时间我们都要待在自己的工作岗位上，因此工作要能够让我们感到快乐；你需要对这份工作充满激情并全身心投入其中。

约翰·保罗·德约里尔

我喜欢自己的工作，否则我宁愿不去做它。

吉姆·拉奥

金钱和安全感对每个人来说都非常重要。不过相对而言，个人的满足感和对某项工作怀有热情更加重要。这就是追寻梦想的意义所在。

如果你做的是一份全职工作，那么就意味着你一年大约有250天在工作，这个数字占到了全年的三分之二，因此如果你所从事的工作无法点燃你的激情，无法让你感到兴奋和渴望，你就是在浪费自己宝贵的生命。

"工作占据了你人生的大部分时间，找到自己心爱的工作然后全身心地投入，这是获得真正的满足感的唯一途径。如果你还没找到自己喜爱的工作，请继续寻找，不要停下脚步。"

史蒂夫·乔布斯

苹果公司创始人之一

即便你只是待在家里照看孩子，也要相信琐碎之中包含着一些你所热爱之事，尽可能多地去尝试。我在家照看孩子时，希望找到一件需要动用创造力的劳作，来排解对家庭琐事的无聊感，于是我将注意力转向了烹饪。我报名参加了烹饪班，买来许多相关的书，不断练习，直到找出做每道菜最适合的方法。烹饪成为我的人生至乐。当我重返电视媒体业，制作的第一个节目就是有关烹饪的，因为在这方面我已积累了不少心得，因此这个节目一经播出就获得了巨大的成功。带着这份成功，我的事业迎来了又一个高峰。

约翰·保罗·德约里尔

当你满怀激情从事着自己喜欢的工作，这份工作是你真心想要做的，而非勉为其难，你常常会做得更好，因为你在做的时候内心充满了爱。

我们中有些人因为诸多原因，将工作和乐趣分割开来，事实上我们并不喜欢每天所做的工作。然而人生不必如此。一些人将自己的梦想变成了工作，并最终收获了幸福，他们的经历证明这样的生活并非不可能。你不必现在就确定什么是理想工作，因为幸福感和它紧密相连，你所要做的就是追随幸福，它将引领你抵达梦想！

吉姆·拉奥

被迫从事的工作我宁愿舍弃。我之所以工作是因为我享受其中。对我而言工作是一种热爱，因为它能激发我的使命感并让我以及身边的人获得幸福和满足。

丽兹·玛瑞

我从来都没说过这句话："我要去工作。"

你能想象自己从事什么样的工作，才会从未这样抱怨，"我要去工作"？工作或许已成为你宣泄激情或发挥特长的方式，能否从中获取报酬并非关键所在。

丽兹·玛瑞

我必须要从工作中获得乐趣。如果我的工作乏善可陈，无法让我感到轻松惬意，没有一点魔力，那我就不会再继续下去。我希望工作能给我带来如同小孩在圣诞节早上迫不及

待要起床的感觉。如果我开始产生恐惧感或是迫切想要结束它，那就表明我需要做些改变。

迈克尔·阿克顿·史密斯

在Mind Candy公司我们喜欢和那些轻松自在的人一起共事，他们能从工作中获得乐趣。不要将工作看得如生死般严肃，尽管有些人无法免俗。我认为如果你能从工作中找寻到乐趣，你的心情会变得更加放松，生活也将变得更加惬意。

"我并未立志要变得多富有。生活中的乐趣和挑战就是我想要的——也是我的人生信条……不过我发现，当我满怀乐趣时，财富也会随之而至。"

理查德·布兰森
企业家/商业大亨

做真实的自我

当工作成为你的幸福，你就会感到快乐。若你只是将工作视为必须完成而非乐趣所在，你的人生就偏离了航向。父母、老师、周遭社会，或者朋友和伙伴常常打着善意的幌子，很多天真的人成了牺牲品，这样的人生非常悲惨。我们能找寻到他们饱受伤害的证据，心理健康问题的激增也给社会敲响了警钟。不要被他人的想法所左右，鼓起勇气追寻自己的幸福，你将收获无限的喜乐。

约翰·保罗·德约里尔

很多时候你想做之事因不合常理而遭他人反对，但如果做这件事能让你快乐，管他的，放手去做吧。做真实的自我，你终将获得回报。

迈克尔·阿克顿·史密斯

我大学毕业后在银行找了一份体面的工作，但很快意识到它并不适合我。它无法让我的内心产生共鸣。于是我意识到自己离辞职不远了。

吉姆·拉奥

当我们追寻梦想的时候，会受到来自各方的干扰，比如我们的生意合伙人、家人、朋友以及社会。我本人就碰到过多次这样的情况。例如，当我和兄弟们共同打理的家族企业的愿景出现分歧时，我选择了退出并继续追寻我的梦想。

吉姆·拉奥很有勇气去追寻自己的梦想，看一看他现在的成就，遍布整个印度的机场、高速公路、医院和市政设施都是由他的公司建设的。他改善了印度的面貌，也提高了数百万人的生活质量，这都源于他追寻自己幸福的选择。

冒着违背大多数人意愿的风险，选择你喜爱做的事需要很大的勇气。不要妄想去取悦别人，做回真实的自己。无论如何，让别人高兴不是你的职责；别人的幸福和快乐他们自会负责。你有你的人生，你要遵从自己的内心。你身上总有些与众不同之处，某种天赋或技能是你独具的，你有责任将它们从你的人生中展露出来。

"选择你喜爱的工作。如果你所做的工作让你厌恶，而你仅仅为了让自己的履历更光鲜而去从事它，这简直是发疯。这像不像在年轻时节欲，而为了年老时可以肆意挥霍？"

沃伦·巴菲特
商业大亨和投资者

阿纳斯塔西娅·索阿雷

审视你的人生。如果你对自己目前的状况感到满意，那很不错。如果你感到不快乐，那么你需要仔细分析。"什么能让我快乐？我被工作所累，没法快乐。"那么，换份工作好了。

如果你已决意改变却不知从何做起，你第一步也是最关键的一步就是追随自己的幸福。

阿纳斯塔西娅·索阿雷

你是一名会计，可是你一点都不快乐。那么，或许你喜欢的是烹饪。就让自己成为一名厨师吧。不要立刻放弃手头的工作，因为你还需要支付账单，但试着去制订计划。"好吧，接下来我可以兼职做这份工作。"你必须要计划好，赚的每一分钱都要确保能用于追寻梦想。如果缺乏金钱作为后盾，付不起账单的压力将彻底粉碎你的梦想。

　　阿纳斯塔西娅需要养活家人，于是她在冒险开创自己的事业之前花了两年的时间进行筹划。现在的她已经拥有一家全球化的公司，这就是她梦想的生活。如果阿纳斯塔西娅没有任何规划，也不去追随幸福，那么现在她可能依然在某个美容中心一天十四个小时地忙碌着。

　　想要追随你的幸福，现在你可以开始做很多事。修一门和你感兴趣的工作相关的课程，找一些书本和杂志，了解那些正在从事你想从事的工作的人的经历。找出自己可以从哪一种工作开始入手。利用网络、社交媒体，撰写微博，做相关的调查。机会就在你的指尖，你所面对的是前所未有的机遇。将尽可能多的精力投入到找寻自己喜欢的工作中去。

莱尔德·汉密尔顿

你如何能完成从"你所做的"到"你想做的"的转变呢？你需要做些积累以便有充足的资金去完成自己所喜欢的事情。不经意间你会发觉你置身其中的正是自己喜欢的工作。这个转变比你想象的要快得多。

马斯丁·基普

如果你还肩负着其他的责任，可以开始先慢慢地创建相关的业务，最后再谋求质的转变。

"追随你的幸福，宇宙将在包围你的墙上为你开一扇门。"

约瑟夫·坎贝尔
神话学家

你现在就可以追随自己的幸福，因为你在人生的各个阶段都可能萌生出想要做某件事的想法。你是否有冲动想要学习交谊舞或说唱，冲浪或漂流？你是否有冲动上一堂表演、绘画或园艺课，或者学习如何为衣服造型或室内装潢？你是否因为听到某种乐器演奏时感到心情舒爽因而产生想学习的冲动？你是否对某个国家情有独钟，一听到这个国家的语言内心就情不自禁地升腾起异样的感觉？你孩提时代是否有某件事特别想去做、但长大成人后因为生活所迫不得不搁置一旁？你经常渴盼做的是什么事？

　　大多数人或许从未将这些想法付诸行动，或许将之抛诸脑后，因为他们认为这些想法无关紧要，与他们的人生蓝图没有多大的关系。但事实上，你想要做某件事的冲动，是宇宙在召唤你去追随幸福，这个冲动也自然和你找寻梦想的路径有所联系。凡夫俗子很难看清其中的关联，但宇宙已经清晰表明这正是通向你梦想的道路。

打动你的事

　　什么在吸引着你？什么又打动了你？你经常想要做些什么？追随内心的声音，追随你的幸福，即便你并不认为它同你的最终梦想有何关系，事实上这条线索将牵引你找到梦想——就像我女儿经历的那样。

　　从我女儿开始识字起，她就提到过将来想成为一名作家。除了写作，女儿还酷爱接触自然和骑马。从童年一直到成人，女儿一直十分热衷于做这三件事，不过搬到美国后她就逐渐放弃了骑马。

在新环境安顿好，女儿想要成为作家的梦想似乎淡出了人生，取而代之的是又一个宏伟的梦想——找到理想的伴侣并组建家庭。她列出了理想伴侣应当具备的所有条件，但几个月过去意中人依然没有出现。

接着女儿决定去跟随自己的幸福，于是她重新开始参加马术课，也重新开始写作，她在一处环境优美的地方买了所房子。新家需要很多装修工作，但她却乐在其中，因为这能够让她身处自然的怀抱。

当我女儿追随她的幸福，故事结局是怎样的呢？一次马术课上，她被安排骑一匹新马，在跨上马背的一瞬间，她感觉自己和马仿佛合为一体。在这匹马身上女儿长期封存的梦想复苏了，她用自己所能掌控的分期付款的方式买下了这匹马。后来她突然在童书方面有了自己的想法，于是完成了自己的处女作。女儿心中幸福满溢：她拥有了一匹令她满意的马，住处能接触到大自然，最终还写就了一本书。

与这些幸福一同前来的，还有女儿的爱情，她与自己的理想伴侣不期而遇。寻找理想伴侣的梦想成真了，两个月后她长期以来想要成为作家的梦想也实现了：一家大出版社想要出版她的书！还有更意想不到的事，这对于需要花大力气装修新房的女儿来说无疑是一个福音——她的那位理想伴侣家里正好是做建筑工程的！

　　你可以一口气实现所有的梦想。尽管你的幸福和心中宏大的梦想之间看似毫无联系，你只需要去追随幸福并倾听内心的声音。尽管现在的你看不清前方的道路，但你幸福的丝线会牵引着你实现*所有*的梦想！

第二部分

英雄

信 念

信念

莱恩·比奇利

总之，想要人生有所成就，你必须相信自己的能力，这种信念使我赢得了很多次世界冠军。

莱尔德·汉密尔顿

你要相信万事皆有可能——你可以做到。

相信自己或许是你所拥有的最强大的英雄能力，这个信念将带领你顺利渡过每次难关或应付任何充满挑战的环境，并且最终实现自己的梦想!

皮特·卡罗尔在南加州大学任主教练的第一个赛季，在他带领的队员里有一个年轻且很有天分的四分卫，他总是担心自己无法成功。

他经常会对自己说消极的话，这在很多时候影响了他的发挥。有一次，皮特发现这个四分卫在预想自己会失误，就与其他的队友们商议如何帮助他克服消极的自我暗示。

由于皮特和其他队员的及时介入，这个四分卫开始相信自己，终于在两个赛季后，他被评为海斯曼杯全国大学橄榄球队最佳球员。紧接着他成为全美橄榄球联盟的明星球员，并且在明星赛中获得"最有价值球员"称号。他就是卡森·帕尔默。

皮特·卡罗尔

回顾我的教练生涯，我帮助人们了解到了他们的思想和个人信念的力量。自我对话是展现其信念的标志。我一直认为积极的自我对话具有重要的价值和意义，它是展现一个人梦想的关键要素。

阿纳斯塔西娅·索阿雷

我想传递给人们的是：我来到这里，语言不通且身无分文，我能做到这些，任何人也都能做到。你所需要的仅仅是相信自己，就这样而已。

但如果你不相信自己会怎样呢？

　　你不相信自己的唯一原因就是无形中以不信任自己的方式*思考问题*。你用尽心力去思考，并且接受了那是你真正的信念。相信自己是你与生俱来的力量，因此如果你缺乏信念，就意味着在生活中你已然接受他人附加的思想，并且相信那是真实的。信念缺乏会在你自我意识里不停地影响你的思维——在你进行自我对话的时候。

马斯丁·基普

阻挡人们成功的最大障碍是他们相信一切皆不可能。如果你相信某些事情是不可能的，那么结果就会如你所愿。整个世界与你为敌，并不是因为世界如此糟糕，而是因为你对它传递了负面的信念，你所追寻的不过是去证明你的个人价值低下，证明为什么一切皆无可能。

　　改变信念缺失的方法很简单。站在你以前思考问题的反方向来思考现在的自己：你可以做到，你体内拥有可以达成一切的能量。提醒自己拥有难以置信的能量，当时机来临时你知道如何把握它。提醒自己：你所要做的，只是一步一个脚印地走下去。

你的潜意识

　　当你认为自己可以实现梦想时，它将改变你潜意识里的程序。你的潜意识就像一台电脑，它有很多你已然导入的程序，它们或许是你自己的思想，或许是你聆听和接受的他人的思想、贯穿你的一生，它们都会按照既定的程序运作。

迈克尔·阿克顿·史密斯

如果你不相信自己——能实现愿望——那么也没有其他人会相信。

　　你潜意识里的所有程序都是被大脑输入的，每个程序都是独立的，只有创造新的程序才能将老程序给替换掉。

　　当你第一次感觉可以做任何事情时，你将面临来自潜意识的"防火墙"式的排斥，它告诉你那些想法都是不真实的。但是当你继续培植这些思想，它们最终会变成一种信念，足以改变你潜意识里的程序。

莱恩·比奇利

如果你选择自信，那么你就能获得自信。

令人惊讶的是很多年过去——有时甚至是一生——你仍不相信自己，其实相信自己只需要花费很短的时间和很少的精力。

重新调整潜意识，最有效的时间是晚上入睡时分。在半睡半醒之中，把你可以完成任何事情和能有所成就的信念植入内心。你的目标就是使"相信自己"的思想，变成你入睡前的最后想法，因为它们可以冲破防火墙进入你的潜意识里。相信自己的思想穿越防火墙时，潜意识就会接受它是真实的。

一旦你的潜意识有了新的信念规划，它就会付诸实践并证明你的信念是正确的。你会突然在生活中找寻到相信你的人，或者重新获得他人的支持，你将突发灵感进行某种行动，以此证明你的能力并增加自信。

存在于你潜意识里的*无论是什么*，它终将在你现实生活里发生。因为你潜意识里的任何新计划都会即刻转化为**宇宙意识**；一旦宇宙接收到这一指令，它将助你实现你所相信之事。或许现在你能够明白这句话的真意——"无论你想象和*相信*什么，一切必将实现。"

吉姆·拉奥

我坚信为社会创造价值的愿景能够实现。尽管我的人生曾出现两次重大挫折，差点让生活偏离正轨，但我坚信我的价值观和永不退缩的献身精神，已与宇宙意识合为一体，它无条件地支持着我。我内心从未有过怀疑。

莱尔德·汉密尔顿

我坚信自己可以实现梦想。如果我犹疑不决就不可能实现它。然而，这并不意味着我从未有过怀疑，怀疑一直都存在，它若隐若现地包围着我，并试图控制我。但是我从未倒向它的怀抱。

相信自己，并不意味着你从未质疑自己实现梦想的能力。在这些怀疑的瞬间，你需要把思想带回到你要实施的那一步上来，你会发现，与其让自己的思想在整个过程中辗转反复、犹豫不决，相信自己能迈出接下来的一小步要来得更加容易。如果现在你就这样思索，那么就一步一个脚印地继续英雄的旅程，这是每一个成功人士的必由之路。

当你感觉快乐时，信念会随之增强。如果你感到疲惫、气馁、不舒服或无精打采，就表明怀疑已经入侵了你的身体。每个人都会碰到这样的时刻，因此要时刻提醒自己所感知的一切只是暂时的，并且它终将会过去。这就是为什么每天追寻快乐如此重要，因为当你被喜乐所包围，你的信念也将随之增强。

吉姆·拉奥

你必须将信念注入你的梦想中，相信你想要的就是这世上对你而言最好的。如果没有那种信念，随之而来的只是缺乏成就、决心和坚持的权宜之计。很多时候，对失败的恐惧就藏在缺乏信心的背后。

马斯丁·基普

母亲曾告诉过我，我可以做到任何决定要做的事。我真的非常相信她。我明白当我开始真的对某事下定决心时，奇迹将会发生。

莱尔德·汉密尔顿

我的母亲相信我能在水上穿行。她所信的并非我真能实现这个目标，而是相信我能成为一个有用的人，这给了我无穷的力量。要牢牢抓住那些信任你的人。每个人身边都需要这样的人。

阿纳斯塔西娅·索阿雷

一件很小的事情将会改变你的一生。虽然是在孩提时代，但我依然清晰地记得六岁在父母制衣店里的那件事，有一天母亲对我说："你记得每一次我怎么带你去商店吗？这次我把要买的东西写在一张纸上并给你一些钱。你乘公交去买这些东西，到第六站的时候就下车。你要跟司机确认以免下错站。"我说："妈妈，我只有六岁！我不知道……""不，你很聪明，你可以做到。"我有点害怕，但你知道当时我心里是怎样想的吗？母亲夸赞我聪明并且可以做到，既然她如此确信，那么我无从怀疑。当我回来时，我永远不会忘记母亲脸上的笑容。她说："我就说你很聪明，你可以做到。我真为你感到骄傲。"

迈克尔·阿克顿·史密斯

一开始就获得父母的支持，很容易让人产生自信，但如果没有他们的支持，自信也并非无法实现。

即使没有向你灌输"相信自己"的思想的父母，在你童年时代必然有其他相信你的人。他们可能是你的亲戚、祖父母、邻居、老师或兄弟姐妹，无论是谁，在你成长过程中至少有过一个相信你的人。无论此人是否还活着，你已然获得这个世界能给予你的所有支持。

当你决定追随梦想时，整个世界将合力支持你，并为你提供实现梦想所需的每个情境、每一个人、以及任何能助你实现梦想的事物。让宇宙作用于你人生的最佳法则，就是用你的潜意识去相信！

莱尔德·汉密尔顿

全身心地专注于你的任务或目标，一切都将顺其自然，之前做过的努力会让你感到万事俱备。

马斯丁·基普

将鼓励过你的人列一张清单，然后写下他们都曾给过你何种鼓励。是他们坚忍不拔的毅力？是他们给予你的物质帮助？是他们对你的慷慨解囊？是他们的个人影响？还是他们对世界的贡献？之后你将意识到他们曾给过你的鼓励，已经转化为你自身的一部分。

丽兹·玛瑞

我们在实践中学习，如果你把自身置于特定的情境下，通过经验性的学习你将能重建自尊并转变信念体系。你可以完成之前因没有任何先例而看起来不可能完成之事。它就像强大的肌肉记忆法。因此，新的经历可以带给我们新的信念。

随着你在英雄旅程中迈出的每一步和每一次经历，你的信念得以增强，你会真正地发现自己所拥有的能量。

相信你的梦想，相信你自己，因为你是英雄，你心中隐藏的那个英雄，不仅相信你有能力实现梦想——而且*知道*你必然会实现梦想！

想象

想象

马斯丁·基普

《圣经》中曾言：缺乏想象，人类将毁灭。

莱尔德·汉密尔顿

我所产生的每一个思想和所做的每一件事，都曾事先浮现于脑海中。人们所谓的愿景，其实就是在做一件事之前脑海中浮现出的雏形。心中没有愿景就代表没有梦想。没有愿景，你如何将它变为现实呢？

  运动员知道描绘自己梦想愿景的重要性。在奥林匹克运动会时，你可能听过一个又一个获得世界冠军的运动员说过，四年来他们的心中总会浮现获得金牌的那一瞬间的情景。事实上，运动员在训练的过程中不断运用这样的想象来明确自己的每一个目标，并且努力去提高运动技巧。

莱恩·比奇利

我曾花费很长时间，在心中想象自己作为运动员的样子。最让人振奋的是通过这种方法，我可以看到心中最渴求的结果。

皮特·卡罗尔

我们经常会进行想象，幻想我们所获得的成就。其实，我们具备的所有这些想象能力，都源于内心对梦想的渴盼。如果你连想象梦想的能力都没有，怎么可能成功？你更不明了何时能抵达梦想的彼岸。

"每当我即将入睡时，我都会把比赛中要做的事情全都想象一遍：跳水、游弋、划水、翻转、抵达，我把时间精确到了毫秒，就这样一遍又一遍地想象我要如何完成比赛。"

迈克尔·菲尔普斯
奥运会游泳冠军

体育界流行着一个实现梦想最有效的方法——在脑海中想象你所期望的结果。虽然运动员们都运用了这种方法去获得成功，但在生活中人们却并未意识到他们也可以运用同样的方法去创造成功。

莱恩·比奇利

在我的脑海中，我只去想象一种结果，那就是我站在冠军领奖台上，被胜利的香槟环绕。对我而言这是至关重要的事。

想象中最重要的环节，就是在脑海中勾画出你最终想要的那个结果。在为梦想奋斗的旅途中要抛弃一切杂念，只一心朝着最后的胜利前进。莱恩·比奇利想象出了自己站在冠军领奖台上被香槟环绕的场景，因为那最能代表她心中渴盼的结果——成为世界冠军。

迈克尔·阿克顿·史密斯

我喜欢绘画、涂鸦和素描，我会花几个小时在笔记本上涂涂画画。有时候我会不经意地写下渴望成功的事情。

当你在本子上描绘出梦想的草图时，你的脑海会立刻出现有关梦想的画面。或者当你在本子上写下梦想时，你也会不经意地描绘出梦想的雏形。无论哪种方式，你都是在预想结果。

在我的生命中，无论何时当我面对未尝试过的事情时，我都会想象一下希望获得的结果，否则我绝不会开始。我会一遍遍地在脑海中想象成功时的画面，这让我振奋不已，仿佛它已然发生了。我不去想如何做，只是想象我渴盼的结果。人类可以通过想象勾画出他们想要的任何东西，这是世界上最有力量却鲜为人知的方法之一。因为你的潜意识对某些画面非常敏感，一旦它接收到了你的真实所想，会尽一切可能让它成真。

吉姆·拉奥

我的梦想一直深藏于脑海。一开始我就活在梦想之中，尽管有时候它看起来就像我的思想发出的细小触角。我脑海中想象已久的梦想触发了我的行动，继而让我见证了成功的到来。

"成功分为两次。第一次是思想上的成功，第二次则是行动上的成功。"

阿齐姆·普莱姆基
印度商业大亨

彼得·弗约

在我的生命中，我做成功的每一件事并非因我知识有多渊博或工作有多努力，而是因为我懂得创造愿景并想象一切已然发生。

在我制作电影《秘密》时，我一整天都在重复想象胜利的场景。并且我还能感受到胜利的喜悦，仿佛一切已然发生似的。毫无疑问在脑海中勾画梦想是我做过最有力量的事情，它帮助《秘密》获得了巨大的成功。

彼得·弗约

当你幻想时，人们会认为你是个不折不扣的骗子。因为在他们看来，"你所想的根本没有发生，也不存在"。可是他们大错特错。你所幻想的东西就在这里，因为只要你敢想，它就会发生。

一旦你在脑海中勾画出梦想成真的那一瞬间，你会觉得好像一切已然发生，行进在英雄的旅途中，你可以运用同样的方法，来使你的每一个步骤或是目标变成现实。即便你只能想象出最后的结果，你的愿景也会助你走向成功，不管怎样做，不管用何种方法。

丽兹·玛瑞

上学时我的目标是取得最好的成绩，所以我跑到办公室恳请老师打印出我的成绩单。老师说："你才刚刚入学。现在还没有成绩单。"我回答说："不，我只要一份空白的成绩单。"他们给我打印了写着我名字的成绩单，我坐在楼梯上将自己的年级填了上去。那一刻我觉得最棒的成绩已然出现

在眼前，只要努力就触手可及。每当我做作业时都会把这份
最好的成绩单放在书桌旁，看到它我就浑身充满动力。我总
是强烈地感觉它已经存在于现实世界中。

在你的生活中，你可以通过想象描绘出想得到的一切。例如成功通过考试、试镜、面试、会面、竞标、提案、做演讲，去见另一半的家人，旅行，甚至你的老板给了你前所未有的升职机会！

确定你能想象一年之后想要达成的目标，在新年伊始重新树立新的目标。此外，创造一个更大的愿景，去设想五年后你拥有何种成就。看看你的人生将会发生什么变化！

"你已经对自己的梦想了如指掌。就像用拍立得相机照相一样，让未来几年的情景慢慢呈现在你的眼前。"

萨拉·布莱克利
斯潘科斯品牌创始人

约翰·保罗·德约里尔

我每天早上醒来时什么都不做。换句话说，我从不看电视，也不喝咖啡。我不做任何事情，只是安静地在床上坐着。这一刻我不去做任何决定，不打任何电话。因为在一天的开始

我需要五分钟来理顺思路，明确自己的位置。这样一来我每天都会有条不紊。如果你有一个正在为之奋斗的梦想，何不利用那几分钟来思考你希望能够得到什么，为什么要为它奋斗，要怎样做才能离梦想更近。

在一天的开始，如果你让自己的大脑处于一个完全放松的状态，你的潜意识就会浮现梦想的蓝图。就好像是计算机更新或安装程序需要暂时关机一样。计算机在运行其他程序时是不可能同时更新的——同样的，如果你的思绪被大量琐事占据，那么你的潜意识就不会去思考有关梦想的问题。但是一旦你完全放松什么都不想，梦想的思绪很快就会随之而至。

当你的幻想变为现实时，你身边的人一定会感到不可思议，甚至会认为你具有超人的能力，因为所有事情都和你设想的一样，所有的结果都在你的计划之中。但是你知道，你只是使用了一种最简单而且是与生俱来的能力，事实上那是一种这个星球上每个人都具备的能力。

英 雄 的 思 想

英雄的思想

彼得·伯沃什

早上醒来时，你需要做一项重要的决定；它不是关于今天你要穿什么衣服，也不是关于你想做个怎样的发型。而是，你今天要选择的态度是积极的还是消极的？因为积极的态度是如此重要。

迈克尔·阿克顿·斯密斯

我对自己是一个天性乐观的人感到非常幸运，因为那对我帮助极大。

　　每个人要应对的难题之一就是他们秉持的态度。除非你秉持积极的态度，否则就会阻碍自己成功，让自己陷入悲惨之地，甚至可能使自己身患疾病。当你明白这个道理时，你将会选择以乐天的眼光看待生活。你的态度全在于你自身的创造。它能成为你走向毁灭的最大诱因，或者通往成功的最强有力的武器。

莱恩·比奇利

如果你希望生活有所改善，如果你希望改变当前的生活模式，那就要学着为自己的想法负责。

你的思想源于态度，所以改变你态度的第一步，就是为你的想法负责。当你意识到并认同是你的想法使你痛苦时，你就会开始改变自己的种种想法。

如果有个人向你提供梦寐以求的生活，前提是你要每天发现尽可能多的好事，你肯定会毫不犹豫地答应。那我可以告诉你，这就是你获得梦想生活的方式。

皮特·卡罗尔

在生活中，我发现积极地思考和乐观地生活，是走向成功并创造你渴望的事物的最好方式。

如果你通过关注外部环境来形塑自己的态度，你将陷入困境。周围的一切环境时刻保持完美，有助于你形成积极的态度，但是你无法控制这一切。这需要许多人一直表现完美，但是你无法掌控自己以外的任何人，想想吧，你或许需要地球上70亿人按照你所想的行事，这样你才会拥有积极乐观的态度。因此你不能按照外部环境来形塑自己的态度。要是那样的话，你总会发现某种情况或某个人让你有理由态度消极。你的态度必须由内心决定，这样态度才能成为你最强有力的工具。

马斯丁·基普

即使在最糟糕的情况下我也一直保持乐观。

彼得·伯沃什

任何事情都有积极和消极的一面。你会发现世上任何一种环境皆是如此。即将成功的人，首先是那些能够以积极的方式看待事物的人。

你有选择乐观或者悲观的自由。每一天你可以像脱掉一套旧衣服般，去穿上缀满新态度的华服。一切就像换衣服般简单。

好事就要来临

皮特·卡罗尔

我妈妈常常说好事就要来了。我起初并没意识到这一点，但我一直怀抱这个想法生活，无论生活多么灰暗或多么困难，我总是想着马上就会有转机了。这是妈妈送给我的礼物。它使我保持积极的心态并总能以乐观的方式看待事情。以那种想法去生活我感到非常幸运。

世间万物都具有双面性，总会有积极的和消极的经历。但是如果忽视外界不利的环境，不断看到好的一面并保持积极的态度，你将会成功。没有什么比记住皮特·卡罗尔妈妈的话更有助于你保持乐观的心态——"好事就要来临！"如果你能体悟好事就要来临，你的乐观永远也不会消减。

吉姆·拉奥

我的灵性体悟帮我乐观地思考，即便在事情看起来异常暗淡之时。

　　快乐和成功的人更多想到的是可能发生的好事，如拥有幸福，收获金钱，并创造丰富和有意义的生活，而不是这些事情的对立面。

吉姆·拉奥

我见过许多受过良好教育、家境富裕、享有声望的人，他们之所以未能成功，是因为他们消极的态度。消极使人跌落谷底。

　　对待生活态度悲观意味着艰难度日。在你人生中某一时刻你定会遇到某个悲观对待一切的人，当你和他在一起时，你的能量和欢乐就会被吸走。那就是悲观的态度作用于你的结果。

阿娜斯塔西娅·索阿雷

如果你是悲观主义者，你长期的消极沮丧将扼杀你所有的梦想。

　　另一方面，我也很肯定你一定会认识这样一个开朗和阳光的人，当你和他在一起时感觉愉悦且充满活力。这就是积极的态度作用于你的结果。

　　给我举出一个态度悲观却能快乐生活的人的例子。绝不可能，因为即便他们得到了想要的一切，在他们看来杯子依旧是不满的！

彼得·布瓦希

两个人一起生活，一个人早上醒来打开窗户说："上帝，早上好！"然而住在隔壁的那个悲观主义者却说："老天爷啊。怎么天又亮了！"

问问自己，谴责和抱怨能否将一个人的生活变得成功和幸福。难道你认为牢骚和批评能使人实现梦想，并给予他们持久的幸福吗？

皮特·卡罗尔

我们工作中最常运用的法则是不牢骚，不抱怨，没有借口。因为这些负面的思维模式，不会带我们到想去的地方。

你何曾见过超人满腹牢骚？你何曾见过印第安纳·琼斯怨天尤人？你又何曾见过詹姆斯·邦德把自己的命运归咎于他人？荧屏上的那些超级英雄绝不会有如此表现，因为制片人知道要是那样的话，超级英雄会瞬间在人眼中变得渺小，最终不复存在。观众会本能地感觉到哪里出了差错：一个如此消极的人怎能成为英雄？答案当然是否定的。

指责，憎恨，牢骚满腹，怨天尤人是我们在无法过上想要的生活时编造的借口。

丽兹·玛瑞

在我们人生灰暗的时刻，我们开始变得愤怒，给一切贴上消极的标签并怨天尤人。我觉得愤怒、消极和谴责根源相同。它们都是关于你应该拥有什么，你欠缺什么以及谁应该给予你什么。我成长中一直认为没有人欠我什么。你要明白你所拥有的一切都是上天的恩赐，因为它很容易消失。这样的态度才是你应该秉持的。

因为我们看到周遭的人总在指责，憎恨，满腹牢骚，怨天尤人，我们误以为那样也无妨，不会伤害我们。但是那些消极的情绪会使你不断消沉，衰弱，直至感到绝望。那些情绪无助于你获得想要和应得的幸福，没有一种能引领你实现梦想，更没有一种配得上要成为英雄的你。

莱尔德·汉密尔顿

想让自己一直愉悦、开心、微笑，一切都完美无缺是不可能的。总会出现嫉妒，总会出现艳羡，所有这些负面情绪都是难免的。那只是人性的一部分。你是要给予它们生长的土壤，还是把它们拔除，用积极的情绪填补内心？你会花大部

分时间做些什么，想些什么，说些什么？那是导致你生活最终走向的缘由。

　　秉持积极乐观的态度，并不意味着不会偶尔情绪低落。你将会经历郁郁寡欢的日子。重点不是那些偶尔情绪低落的日子，而是在你一生宝贵的24,869天里，你有多少天是以积极乐观的态度在享受生活。

皮特·卡罗尔

在日常修习中试着保持平和的心态，而不要总是猜测以及怀疑是否值得。诸如此类的消极思想，"我不知能否处理好这件事""这对我来说太难了""我之前从未到过这儿""过去我总是诸事不顺"，会将你的心力从原本自信的表现上转移走。我们内心若怀揣这样的想法，将永远无法抵达最佳的状态。

莱恩·比奇利

注意你的感受，因为有时你会感到消沉，感到沮丧，抑或感到挫败，而你能做的最重要的事是承担责任，掌控那些源自你思维方式的感受，并选择做些不同寻常的事以改变现状。

　　如果你情绪低落，就尝试能使你感觉舒适和情绪高涨的事。想想此刻你能做些什么让自己尽可能感觉良好，然后放手去做吧。

莱恩·比奇利

为使自己感到愉悦和积极，我总会做些自己喜欢的事，以便从内心建立满足感。所以我每天都去冲浪，因为我知道那能让我愉悦和满足。

　　英雄的思想能战胜一切且异常积极。英雄的态度总是乐观的。总之，积极的思想和乐观的态度，是我们实现梦想的强有力的武器，因为你的思维和态度决定了你的人生！

英雄之心

英雄之心

勇气

莱尔德·汉密尔顿

恐惧是我们内心始终存在的情感。它是促进我们发展不可或缺的一部分。

丽兹·玛瑞

你绝不可能消除恐惧，因为它是一种必然的心理反应。比如看到有人被机器钩住，你会发现自己有了恐惧反应。这一切难以避免。

尽管我们每个人都是独立的个体，但我们都是人，难以逃脱人类固有的诸多情感，如恐惧、不确定、怀疑、快乐、激情、希望和信仰。在英雄的旅程中你会分别体验到这些情感。因为一个人的成功，并不意味着他未经历过同样的恐惧、不确定和怀疑。恐惧对他们和对你来说都一样，怀疑也如此。成功的人只是选择去克服这些情感，并继续追寻自己的梦想。他们不允许自己因为恐惧和怀疑，而失去勇气或中断实现梦想。

马斯丁·基普

无论你的梦想是远大还是渺小，它都需要你跳脱安逸的生活，而走出安逸等同于直面恐惧。而恐惧很可能是人类发展过程中被误解最深的情感之一。从生物学的角度看，恐惧是为了保证我们安全；恐惧是一种自我保护。

我们人类会体验到两种恐惧，但维持我们生存的生理本能不等同于心理恐惧，明白这一点异常重要。

心理恐惧是在没有生存危险时我们内心所产生的情感。当你必须参加一场决定未来的终极测验或驾照考试时，你也许就会经历这种恐惧。当参加学校的运动会竞赛或者不得不站在许多人面前演讲时，你也可能会感到恐惧。在所有这些情形中并没有生命危险，你所感觉到的恐惧是心理的，是你的内心制造的恐惧。而在英雄的旅程中，我们中的大多数人仅仅会面临心理恐惧，但如进行极限运动的运动员，也许会同时经历两种恐惧。

莱尔德·汉密尔顿

人们会认为，"你不害怕"。实际上，并非如此。我认为自己非常害怕。我害怕巨浪，但你的想象力总是比实际更强大。顺从你所恐惧的事物，或许能让你慢慢驯服它，和它变得亲近。突然之间它就失去了强大的力量。

在魔幻电影中，你会看到英雄为完成任务必须杀死恐龙或怪兽。电影中英雄的使命代表着我们为实现梦想必须经历的生活。就像在电影中，怪兽是我们内心的怀疑和恐惧，我们必须征服它们，不让其阻碍我们去实现梦想。

最应该做的事是走出安逸、当场杀死令人恐惧和怀疑的怪兽和恐龙。

马斯丁·基普

如果你想过没有恐惧的生活，永远都不要走出安逸的生活。如果你要想成长——而最终能让你快乐的事就是成长——你

就需要不断跨出安逸的生活。所以我们需要明白的是，如果感到恐惧，那是件好事。

当你克服恐惧远离安逸，恐惧对你的影响会变小，你的勇气就会增加。

勇气一词源自法语coeur，它的意思是"心"。当你不断前进并克服恐惧去完成某项任务时，内心的勇气就会增加。这就是你获得勇气的办法。而在行动前去找回勇气，这是不正确的做法。勇气源自克服恐惧的行动！当你满怀勇气时，你会发现曾经认为可怕的事看起来不值一提。

莱恩·比奇利

如果你有勇气设定目标，并以坚定的信念追寻和实现它，你就会逐步走出安逸。所以鼓足勇气心甘情愿地远离安逸，是成功必需的一部分。

马斯丁·基普

有一本很棒的书叫《感受恐惧，迎难而上》。我读了标题，就算看完了。我不需要阅读书里余下的内容。我已然领悟。这真的是个很棒的建议。

迈克尔·阿克顿·史密斯

许多事依然令我感到恐惧。在数千人面前发表演讲我会恐惧。第一次见到某个很敬重的人我会恐惧。但只有将自己置身于恐惧的情境中，才会真正提升并进步，更加接近自己的梦想。埃莉诺·罗斯福不是说过："你每天做一件使自己恐惧的事了吗？"我喜欢这句充满哲理的话。

提前准备能减少恐惧。你很容易就明白，在测试、考试或演讲时，你准备得越多，恐惧就越少。那么，当你描绘出某件即将要做的事的结果，并为它做好思想准备时，恐惧的感觉就会减少。你还会发现当你开始做那件恐惧的事时，恐惧即刻消失了。在生活中，我一次又一次地发现这是真的，对做某事的恐惧比实际做某事更糟糕。当你不断预想结果，你最终的回报就会如你想象的那般。

冒险

当我们拍摄《秘密》这部电影时，我拿我的事业、公司、家庭、名誉和一切我为之奋斗的事情做赌注。我不止一次地认为那很冒险，但我知道我的梦想必将实现。

吉姆·拉奥

我拿我的一切做赌注去实现梦想。毕竟，那是一项比我的财富多二十五倍的投资。不过我从未想过自己会失败。我总是以良好的心态工作。

迈克尔·阿克顿·史密斯

冒险十分重要。但不是疯狂和不计后果的冒险，而是在你不知道结果的情况下下注，却依然十分自信自己的决定是正确的。我的商业理念是先下小点的赌注，赌赢了我们投入更多；赌输了的话，我们只需拂去身上的尘土重新开始。

阿纳斯塔西娅·索阿雷

前方当然可怕，但我是个冒险者。如果在生活中你不敢冒险，第一，你永远不会发现自己有多强大；第二，你永远不会成长。

在英雄的旅程中，一定有需要冒险的地方。如果你很害怕但觉得那样做是正确的，就勇敢去做吧。然而，如果你很害怕并且犹疑不决，请别冒险——直到你确定要走哪条路为止。当你疑惑的时候，请不要行动。

皮特·卡罗尔

我在南加州大学已经待了九年，我们赢了许多场比赛，打破了多项纪录。然后我遇到一个机会，离开我度过了最美

好时光的地方，加入美国国家橄榄球联盟。那是我此生冒的最大风险，但我义无反顾，最终我成功了。当你面临的风险和挑战无比巨大时，表明那可能也是一次千载难逢的机会。

感恩的心

吉姆·拉奥

感恩是实现梦想的关键——感谢你所拥有的和即将得到的。它是积极思考的第一步，"世间无一不美"的感觉使我们能收到宇宙的赐福。

在英雄的旅程中，感恩是一切的根本。它是种宁静而又谦逊的品质，而且能量十分强大。若想让你英雄的旅程变得更平坦顺畅，并且体验寻找就必寻见的不可思议，唯一的方法就是心怀感恩。

莱恩·比奇利

我相信感恩，因为它能使你在当下正确地看待一切。当你心怀感恩时，宇宙不断地给予你更多的恩福，这是多么神奇的事情。

阿纳斯塔西娅·索阿雷

早上醒来时历数你所得的赐福，你身体健康，双腿健全，视力正常，还能呼吸。

你能通过感恩减少并真正化解各种消极的境遇，比如挑战、障碍和难题。如果你遇到一个难题，或走进死胡同找不到任何出路，深深的感恩会帮你扫清道路。就像感恩让宇宙为你发放了一张"免费通行证"帮助你越过障碍。你突然发现一直面临的困境消失了，你前面的道路被清扫干净，或者你找到了克服障碍的方法。

彼得·弗约

你所做的一切必须以感恩为中心。首先，你必须十分感恩来到这里。如果你生活里有任何积极的事，请感恩，它们会因此倍增。你越是感恩就会有越多好事降临，对你不利的人、事和情境就会慢慢消失。你越是感恩，对你不利的事情就消失得越快，这确实令人感到不可思议。我目睹过无数次这种情形。

如果你从旅途开始就心怀感激，并一路上保持感恩的心态，你的旅途会更加顺畅，困难将大大减少。相反，缺少感恩，你将失去宇宙为你设定好的、能以不可思议的方式助你实现梦想的人、事、物。前行之路也将变得险阻重重，此外因缺乏感恩之心，你不会有被赐福的感觉。

马斯丁·基普

感恩的不可思议之处，在于它能使你跳出自我。你将专注于你所拥有的，专注于祝福，专注于他人，这些是满足感的发源地。当你心怀感激时，你不再只专注于自己。这将阻止痛苦的发生。

迈克尔·阿克顿·史密斯

反过来也是如此。如果你老是想消极的事、问题和争端，你会日益衰弱且让自己变得更加紧张、沮丧和不快。

马斯丁·基普

感恩是满足的基石。我认识许多所谓的"成功"人士，他们不懂感恩，我完全不想过他们那样的生活。

彼得·弗约

我相信感恩是一种需要不断维持的心态。我知道——起初我不相信。而现在我知道这千真万确。在任何时候，如果我未

能持续地怀抱感恩之情，就会即刻看到生活产生剧变。

迈克尔·阿克顿·史密斯

当我遇到失落或糟糕的时日，当暮色将至我坐在浴缸里或喝咖啡时，我仔细思考值得我感恩之事——我的健康、朋友和家人。我的情绪就会变得高涨。我想成功人士都明白这一点。

当我们拍摄《秘密》这部电影时，每天早上我会完成十到十五分钟的感恩祈祷才起床。

彼得·弗约

即便是计算机的密码，也在每天提醒我要对自己所拥有的一切感恩和庆幸。

彼得·布瓦希

我从母亲那儿学到的最好的习惯是，自我五岁能写字起，每一年的圣诞节那天，我必须先给每一位送给我礼物的人写完感谢信才能出去玩。时至今日我依旧保持着每天给别人写感谢信的习惯。

莱恩·比奇利

大约一个月前我在鲁沙冲浪，浪花是如此美妙，海水是如此温柔，我被这美景所感染，在欢悦中沉静下来，心中涌起几分奇异的感激，我向海上远眺思索，"一切是如此美好"。此时只有我一个人，突然一阵海浪袭来，向我发起挑战，我划桨前行，乘风破浪。那是我此生见过的最汹涌的海浪。最后，我回首凝视海洋道了声："谢谢。"

如果没有感恩之心，你永远也不知感恩对改变你的人生如此重要。那些发现感恩的人，会不停赞美它并渴盼每个人都能听到。

丽兹·玛瑞

在埋葬母亲之后我来到朋友家，坐在他家客厅里。朋友鲍比开始抱怨他母亲做饭时烤焦了猪排。另一位朋友在抱怨她的老板和工作，还有一位朋友则在抱怨辍学。我看看他们，忆起母亲和她的松木棺材，再看看自己，我意识到自己是如此幸运。因为我们拥有健康。我们还活着。我认为感恩是因为意识到你所拥有的一切很可能失去，一切豁然开朗起来。我看到自己拥有的财富，我不仅活着，拥有健康和年轻，而且还拥有这些不错的朋友。我们并不完美，但是互相关爱。很多个晚上我能安眠于他们的睡椅和沙发上。我也曾多次蜷缩于公园和走廊上，但我不会去死。想想世上其他艰苦打拼者的遭际，我所谓的贫穷和他们的真实境况相比简直不值一提。我没有地方住，也没有东西吃，但我也看到了自己所享有的幸福。

直觉

彼得·布瓦希

我花了六年时间研究世界各国的领导人，他们中99.9%的人说直觉比逻辑更重要。逻辑是你后天习得的。直觉才能反映出你的本质。那并不意味着你应该脱离实际，不遵守逻辑和常识，但第一直觉真的非常重要。

"鼓起勇气追随本心和直觉。无论怎样它们已经知晓你想成为什么样的人。"

史蒂夫·乔布斯
苹果公司创始人

马斯丁·基普

直觉是你实现梦想的主要工具。不相信自己的直觉，你只能经历一次次的失败。

直觉是某种意识，在我们接收时会伴随强烈而又令人信服的感觉。当生活中发生巨变时，这种感觉将引导我们走上特殊的道路，有时则相反。当感觉总是直接而又强烈时，人们通常会怀疑自己所接收到的信号，并让潜意识说服自己屏蔽它们。

迈克尔·阿克顿·史密斯

我十分相信直觉。许多人认为它莫名其妙，是胡言乱语且没有科学依据，但我相信其来有自，因为我们的潜意识比我们的大脑关注的东西更多，而且潜意识告知我们的方式是通过我们的直觉。当你对某个人或某一情境有种感觉，倾听它是非常、非常重要的。从我的经历来看，这样做更见成效。

虽然科学并未揭示我们的直觉是什么、源自哪里，但在古老的训示中，认为直觉来自更高意识层面的宇宙意识。这种意识通过心灵感应被传送至我们的潜意识中，然后再被传送到大脑和我们身体特定的内分泌腺，它会转化为一种我们能理解的常识。这就解释了为什么当直觉叩响心灵时，好像我们的腹部和心脏也会有所感知。

简单地说，你的意识与宇宙相通。从宇宙意识的观点而言，我们能看清未来，宇宙会启发我们走特定的道路。当你接收时不要去揣测那个意识。无论有何相反的证据，都要相信你的直觉，因为宇宙知道正确的路。

约翰·保罗·德约里尔

我雇人完全出于直觉——即我对他们的第一印象。如果在商业场合，由于心灵感应我会凭直觉考虑是否与某人做生意。

莱恩·比奇利

我们低估了直觉的价值。我们总是不相信直觉。我曾犯下一些大错，皆因我没有聆听直觉，或者听到了却又质疑它。学会相信直觉至关重要。

你也许像许多人一样，不知不觉地屏蔽掉你的直觉，但你可以重新唤醒感知能力。只有相信直觉才能增强这种能力，这也是许多成功人士如此重视它的原因。他们相信自己的直觉，追随它并依其行事，由此他们的感知能力大幅提升。多半成功人士在做每个决定时，都会运用直觉。

莱尔德·汉密尔顿

无论何时我产生直觉，都会依其行事。有趣的是当你意识到这点时，会更擅长运用它。事实上，它是种可让你的生活变得更美好的技能。

不仅要相信并追随直觉，还有一种极易提高感知能力的办法。那就是提问！

当你提出一个问题时，你能通过直觉"接收"答案。你可以从简单的能快速得到答案的问题开始，比如："某个人什么时候到来？"或者："某个特殊的人今天会穿什么衣服？"当电话碰巧响起又不在你身前时，问问自己："谁打来的电话？"有时你的大脑会试图给你答案，如果提问时保持头脑冷静，你的大脑就能接收到讯号，来电者的名字将会闪现在你的脑海里。

当你提出问题或寻求解答方法时，答案就传送给了你，然后你再将答案向外传送给宇宙意识。如此你就明白为何企业家寻求当下的完美答案时，他们总会得到这个世界所给予的*最好*应答。

当你的直觉增强时，你就会得到越来越多做某件特定事情的冲动和灵感，当它们被证明是正确的时候，你会像许多成功者那样信任你的直觉，并把它视为你最强大的能力之一。

英雄之路

英雄之路

黄金法则

莱尔德·汉密尔顿

如果你对我母亲说，"我上了这本杂志的封面。"或"我取得了这项成就。"她一定会问："太棒了！但是你为人处世方面怎么样呢？"

彼得·弗约

以你希望被对待的方式去待人。己所不欲，勿施于人。

不论我们行事的结果是积极抑或消极，如果我们未曾体验到它们，我们将什么也学不到，更不可能有什么发展。你明白，去触碰一块热铁、在工作时间睡懒觉，或不去支付电话账单会产生某种后果。

而我们大多数人所不知的是我们所获得的最重大的后果，是由我们待人的方式所决定的。

皮特·卡罗尔

我们在生活中待人的方式至关重要。在我们的行为准则中，有一条是我们应尊重每个人。留意我们对待身边人的态度是个好习惯，因为这将把你引至想要抵达之地。

约翰·保罗·德约里尔

生活中待人不友善于己无益。很多时候你认为自己是一个友善的人，其实不然。请勿对他人刻薄，那样会阻碍你前进的脚步。这有一条黄金法则——想要别人如何对你，你就要怎样待人！

"成为大人物的确很不错，但更重要的是时刻保持友善。"

罗杰·费德勒
网球冠军

如果你对他人不友善，那么你将永远无法收获真正的幸福。我们环环相扣，我们像是一个大家庭的组成部分，宇宙关照这世上的每一个人。如果我们伤害他人，就是在伤害我们赖以生存的宇宙。伤害他人是一个大错……这毫无疑问！

迈克尔·阿克顿·史密斯

这既是正确的行为，也是生存之道。无论何时何地，尽己所能地对别人说声"请"和"谢谢"，尊重和支持他人。这一点至关重要。

约翰·保罗·德约里尔

下一条准则，是不要散播谣言。你不知道整件事情的真相而去散播谣言，这对地球而言并非好的频率。请发送积极的频率，否则消极的频率只会拖累你和周遭的一切。

如果你送给某人一份礼物，但他很无礼，不仅不对你说谢谢，甚至摆出一副不知好歹的姿态，那么下次你就不会再给他买礼物了。同样，如果我们粗鲁，不知感恩，对他人刻薄，宇宙也不会赐予我们财富、"幸运"以及好的机遇。如果你对他人友善，那么无论身处何种境况，宇宙都会回赠你一份善意。这个法则作用于我们每个人的生活。

莱尔德·汉密尔顿

这是一件令人惊异的事：当你给予时你将变得慷慨，同样你也会收获别人的给予和慷慨。你可以告诉身边的人，这是他们所能理解的最朴素的法则。

莱恩·比奇利

要意识到这样一个事实：你所做的每个选择，说的每句话，做的每件事都会给别人带来影响和后果。

保罗·奥法里

我相信因果报应。你给这个世界带来什么最终就会得到什么。换句话说，善有善报。多做好事你终会得到报偿。

"牛顿第三运动定律或业力法则——无论我们如何命名它——多年来我一直对其非常关注。我称它为因果效应：你给这个世界的能量会返还回来。换句话说，果实是种子的结果。你不可能播种一粒苹果种子，却期望收获一棵鳄梨树。你的行动决定了你人生的结果。"

汤姆·沙迪亚克

电影导演

彼得·布瓦希

有许多人说："我不相信因果报应。"然而，并非你是否相信的问题。它终将成真。

　　你在英雄的旅程上走得越远，你就会成长得越快，你的思想也会越丰盈。你的思想会不断拓展，促使你去感知日常生活以外的东西，而这些东西你以前从未见过。你发觉如果你为某人做了件美好或善意之事，一些难以置信的好事就会降临到你身上。反之如果你对某人行事恶劣，那么糟糕的事将降临到你身上。通过观察周围人和自身行动的结果，你开始感知生命是如何运转的。你能看到生命的模式它的内在运转以及节奏，即使你身处黑暗，你也知道自己身处何处，你渐渐能看清一切了。

莱尔德·汉密尔顿

我被赋予了某种效应，我个人称之为即时因果报应。如果我对他人说了一些傲慢自大的话，我一出去就会撞到脚趾或是磕到头部。我会为这种负面行为即刻付出代价。由于此种缘由，所以我一直提醒自己要对他人善意言辞。有很多次我出海冲浪，对别人说了些不太友好的话，做了一些无礼之事，然后就会被海浪完全卷裹。此后我待人接物就变得积极、慷慨、彬彬有礼，在冲浪时终于能游刃有余。

吉姆·拉奥

我经商的目的并非只为获得财富。我坚信必须为社会带来正

面持久的影响力，把实现更高的目标作为我的宿命。商业是
为社会服务的，任何商业上的繁荣都与其给社会所创造的价
值成正比。

你知道当你在背后说某人坏话时并不感到愉悦快乐。最糟糕的感
觉莫过于别人告诉你，你的行为离你心中的英雄相差甚远。种种行事
的结果，事关我们的身心健康，也事关我们的幸福。

阿纳斯塔西娅·索阿雷

我之所以不想去做一些明知会伤害他人的事，原因主要
是——我无法说服自己。因为我会感觉不安，这种不安会将
我整个人吞没，糟糕的感觉对我而言不值得。伤害他人会让
自己受伤更严重。如果我可以做一些善事，会尽力去做，无
须任何事情作为交换。

"当你去做一件爱意满满的事，投注出积极的能量，你就会
感到幸福。这就是人们保持精力充沛的方式。因此因果报应
的目的——假若有目的的话——并不是传递正能量以求得回
报，而是传递正能量以便更有激情地生活。这是关键所在，
也是为何真正的革命是自我革命的原因。"

汤姆·沙迪亚克

电影导演

谦卑

莱恩·比奇利

如果你已踏上英雄的旅程，脚踏实地和谦虚异常重要。

彼得·布瓦希

要从骨子里变得谦虚。因为只有谦虚你才愿意去聆听，只有去聆听你才懂得学习，只有去学习你才能教授别人。

马斯丁·基普

我的老师告诉我身居高处反会让人变得谦逊。他说谦逊就是始终保持平易近人的姿态。因为今天你很成功，或者你的书很畅销，并不代表这些成功就是有保障的。

保罗·奥法里

我父亲总是教导我，失败的最大原因，是因为过往成功的回忆又钻进了我的脑袋里。

决定我们是否走上英雄之路的，是我们的行为和待人的方式。英雄总是表现得友善和谦逊，而成就英雄的正是这些美德。我们的行为，要么会在追逐梦想的旅程中成为使人前进的垫脚石，要么就会成为让人后退的绊脚石。就看我们如何抉择。

决心

决心

阿纳斯塔西娅·索阿雷

如果我目标明确，决心已定，即使门扉紧闭我也努力去叩，我将摧毁大门，抑或破窗而入。没有什么能阻挡我的脚步。

如果你真的想要某样东西，你会不经意地决心要得到它。你甚至会不假思索就直接开始行动。如果你急切地想去看某部电影，你会想尽办法赶去电影院观看。当你为爱情而神魂颠倒时，你会迫不及待地要去见令你倾心的人。

莱尔德·汉密尔顿

我们所从事的冲浪运动，有一个特点是你需要全身心地投入。你要是没有一点乘风破浪的信念和决心，除非你能驾驭

风浪，否则就会瞬间被吞没。每一次冲浪都要怀抱信念并全
然专注。全身心投入才能最终飞跃浪尖。

莱尔德·汉密尔顿对全身心投入深有感触。如果你需要鼓励来
提振内在的激情，请观赏他在塔希提岛西南海岸上演的玩命冲浪表
演吧。

作为拥有世界上最高最大海浪的塔希提，那里能产生高达21英
尺（6.4米）持续翻滚的巨浪，巨浪的高度比得上一栋建筑，它们猛
烈地击打着浅水域那无比锋利的礁石。在塔希提的海面上，巨浪来袭
时，唯一的做法，就是让冲浪板跑到巨浪的前面并加速前进。

直到莱尔德松开缆绳，他才看到在身后升起的有两堵墙厚的巨
浪。他必须在一刹那做出是否继续行进的抉择。如果莱尔德当时无法
全情投入，就不可能从排山倒海的巨浪和危机四伏的礁石丛中生存下
来。相反，莱尔德打破了人类有史以来的挑战极限，也创造了冲浪运
动的历史。

丽兹·玛瑞

此刻无论你下定决心去做任何事，尽管去做就是，不要权衡
它是否必要。如果你总在想自己正在错过某事，如果你总是

在顾虑，"我必须拥有它才能如何如何"，你永远在等待合适的机缘。事实上根本没有所谓合适的机缘。

未来不会有合适的机缘。现在才是关键。下定决心是你开启梦想之门的线索。其他的任何方法都行不通。除非你下定决心，否则你看到的只能是壁垒。

迈克尔·阿克顿·史密斯

你需要下定决心，做了决定就不能三心二意。一旦你真正下定决心，不论你是醒着还是在做梦，你身体里的每根筋，你的潜意识、显意识都在朝你想要达成的目标努力。一切将变得不同。

莱尔德·汉密尔顿

当你全神贯注时，形势会有利于你。你渴望前进，"我是如此聪明，想到了这一点"，其他人缺乏这份特质。由于你全然相信，所以促你成功的条件皆已备齐。

莱恩·比奇利

突然间你拥有了向导，那是宇宙为你提供的。正如伟大的箴言所说，当学生准备就绪时，老师自会出现。

马斯丁·基普

假如你内心满怀实现梦想的激情，成功的大门自会打开。我确信成功之门一直就在那里，但只有你下定决心时才能看到。

吉姆·拉奥

当我内心变得坚定，成功之门就会向我敞开。我可以举一个我们投标德里机场的例证。当时我们想建造世界上最好的机场，这是团队的梦想。这项工程吸引了全世界最好最巨头的机场开发商，而投标过程极其复杂烦琐。我们找了一些最具竞争力的合作伙伴、知识渊博的专家，组建起一个非常有动力的投标团队。我们参观了世界各地的现代机场并从中汲取经验。克服了前进道路上的每一道障碍，成为唯一一个技术合格的投标者。然而我们的行程并没有画上句号。投标的进程不断受到法律的质询，这个案子最终打到了国家最高法院。由此造成的拖延，使原本苛刻的时间安排变得更严峻。这个机场将是世界第五大机场，工作环境也极其复杂，需要五十八个部门协调配合。我们自开始这项工程，就确保一切顺利就位。我们筹集到将近25亿美金，超过27个国家、总计逾四万的工人和工程师聚集到一起，用37个月的时间完成了这项工程，该速度足以打破任何纪录。因为我们下定决心，并怀揣要建造世界最棒机场的梦想，宇宙赐福于我们，让实

现目标之路变得异常平坦。目前我们建造的机场，在全球
199个机场中位居第四。

当我们看到一些人在追逐梦想，往往会错误地认为他们拥有特权。事实上，情况并非如此。当你决定踏上英雄之旅时，你的特权自会到来。当你下定决心追逐梦想时，你会感到仿佛所有人都在助你实现它，宇宙会召唤你所需的一切，在合适的时间来到你身边。

决心和宇宙

我女儿的男朋友有一份稳定的工作，他知道如果自己努力工作15年，就可以逐步升至管理层，但是他极不喜欢这项工作。他确实工作很努力，因为只有如此他才有实力去做他自己喜欢的事，那就是冲浪。因此这位年轻人做了一个大胆的决定，他要去追求自己一生的挚爱。

他曾花费数月的时间，计划离开公司，去实现自己设计制造冲浪板的梦想。如今他说到做到，在下定决心的当天就辞了职。他除了拥有梦想外一无所有，但他为此下定决心，因而获得了宇宙的赐福。

当地一位知名的冲浪板制造商让他来自己的工厂并学习制作。另一位制造商给他免费上了几堂课，并向他展示如何制作冲浪工具以节省更多钱。一位图像设计师无偿给他新创立的公司设计商标。一个供货商以批发价为他提供所需的物品。他父亲给他提供了设备、电灯、货架以助他建立起工作室；他还免费获得了一块场地用来建造工作室，这个地方能看到壮丽的海景以及任何人都梦想拥有的加利福尼亚海岸风光。现在无论他去到哪里，人们都会请求他为自己设计一块冲浪板。

所有的这一切都发生在两周之内。当你下定决心去追逐梦想，"特权"就会像雨点一般砸在你头上，这是宇宙召唤能量的结果。

马斯丁·基普

如果你有一个梦想，就不要去制订后备的B计划。威尔·史密斯曾说过，如果你制订了B计划，那么你的梦想最终会照其施行。你需要全神贯注地执行A计划。用上你全然的热情，全然的信念，全然的能量，全然的决心。

莱尔德·汉密尔顿

如果你有一个后备计划，你知道无论发生什么，只要心存侥幸，事情就会无限期拖延。但是，这并非你最初的计划。如

果你专注于它，那它就会成为首选计划。

　　无论发生什么你都会安然无恙，了解这一点你就可以在内心编织一张安心的网，但是如果你认真地制订了一个B计划，就要承担它在你的潜意识里成型并最终变为现实的风险。应该把你所有的精力都专注于A计划，那才是实实在在的东西！

决心

莱尔德·汉密尔顿

在追逐梦想的过程中你必须学会百折不挠和坚持不懈。

吉姆·拉奥

一旦你做出决定，那么就有了获取成功的决心。

皮特·卡罗尔

并非每个人所下的决心是一样的。当障碍来临时怀疑也会悄悄潜入你的内心，并非每个人都有全然的决心驱使自己坚持不懈，而你绝对有能力做到。

　　当你在孩提时代学习走路时，曾经摔倒过无数次。当你学着喂自己吃饭时，常把食物放到了眼睛上、脸颊上或是其他地方。咿呀学语是一个漫长却错误频出的过程，但你却从未想过放弃。因为决心是你本性的一部分。它深藏于你的内心，你可以再次找寻到它。

迈克尔·阿克顿·史密斯

我们可以将零散的资金聚在一起创业，不过这非常艰难。银行不会贷款给你。如果你以前什么都没做过，没人愿意在你身上冒险。你不得不卷起袖子另谋他路。

　　如果你对梦想有强烈的渴望，你会有全然的决心让梦想成真。总有些时候你感觉失落，总有些时候你会怀疑自己，甚至认为自己一无所成，但你强烈的渴望会带着你穿越这段消极的日子。你内心强烈的渴望有着巨大的能量，能助你推翻想放弃的念头，并为你提供克服一切困难的热情和决心。当我们制作《秘密》这部影片时，我内心的渴望和信念十分强烈，我甚至从未想过如何坚定信心，因为我强烈的渴望昭示自己充满了信心。

阿纳斯塔西娅·索阿雷

我需要一张信用卡。我去了银行，但银行工作人员并不想给我办理，原因是我没有信用记录，我母亲也没有。我对贝弗

利山庄富国银行的行长说：“如果你不帮我，我又怎能建立
起信用呢？只需给我500美元。我并非索要500万。我将在你
们银行存放1000美元，你只需给我一半的钱。”他不肯。
我接着说道：“听着，我急得想在你们银行门口做些出格的
事。”就这样，他给我办了一张500美元的信用卡。现在我
依然是富国银行的客户。

决心通常来自你对自己的信任。当你相信自己时自然而然就有了信念。教练会对我们产生积极的影响，因为他们不断地说我们可以做得更好，一定能够做到，他们会敦促我们不停前进。他们的信任使我们相信自己能够实现梦想，当我们坚信这一点时，就有了达到目的的决心。你可以成为自己的教练！你可以激励和敦促自己，告诉自己：你能够做到，你在最艰难时取得了胜利，你已如愿以偿，你已下定决心，你梦想的开关掌控在自己手中，你终将胜利！你的潜意识会听到你说的每一个字，你终将成功！

马斯丁·基普

梦想就像一粒种子，需要你花时间去播种。它不会一夜发
芽。我们忘了必须要靠拼搏才能有所收获。我们总看重眼前
的利益，以为伸手就能得到。此外，我们总希望不劳而获，

总希望手到擒来。事实上梦想需要拼搏。人生也是如此。如果你梦想还未成真，请继续努力奋斗吧。

永远、永远、永远不要放弃

莱尔德·汉密尔顿

放弃太容易了。放弃是一种逃避。比如说："我老了，我这样了，我那样了。"那仅仅是不想付出努力而找的托词。

皮特·卡罗尔

如果你觉得你完了，那么你就完了，因为你已经失去了希望。人永远也不会走到完全绝望之地。前方总会有一丝曙光。对于我来说，好事总会降临。

丽兹·玛瑞

即使你非常有决心，仍然会有想放弃的那一天。我被拒绝了很多次，到了几乎绝望的地步。某一天，我似乎被拒绝了几百万次，走访的学校也只剩下最后一所，已经没有其他再可能录用我的学校。到了不得不做出选择的地步，我的口袋只剩供我乘坐地铁到下一所学校去面试的钱，或者我可以直接放弃去买一块比萨饼。比萨还是面试……选哪一个？我只感

觉："我无家可归而且很饿。他们会拒绝我的。"突然间我
灵光一闪："万一下一所学校会录用我呢？"我必须丢弃比
萨饼的念头，乘地铁赶往下一所学校。果然那所学校录用了
我——那关键的下一所。因此你永远也不知何时距成功只有
一步之遥。你必须再尝试一次。即使这一次没有成功，也不
要放弃努力。

你生活的世界充满两面性，因此就会有高低起伏。不论出于何种原因，你总会经历一段情绪低落期，你感觉每件简单的事情都让你异常费劲，仿佛你步履维艰地行走于泥泞之中。在这段时期，你可能会觉得底气不足或信心全无。

同样你也会经历一段充满激情和快乐的日子，这段时间你感觉仿佛身处世界之巅，可以实现一切。而且，那种快乐、幸福的感觉，是最高级和最强大的人类情感之一，因为拥有那种情感，你不仅难以被征服，而且还所向披靡。当你拥有满满的喜乐，也就有了全然的决心，因为从喜悦的角度出发，一切看起来都如此容易。去寻找你的喜乐——追随你的幸福——然后你将找寻到能助你实现梦想的决心。

第三部分
求索

迷宫

迷宫

莱尔德·汉密尔顿

旅途永远都不会是你所设想的那样。你知晓终点在哪里，却不了解抵达的路线。

一些人放弃了梦想，或者从未追逐过梦想，那是因为他们伫立之处，看不到通往梦想的全部路径。你从未见过通往前方的路，也就无法懂得梦想如何成真。成功的人也无法预知他的梦想*如何*实现。他们只是坚信它会发生，并永不言弃。

马斯丁·基普

我从未想过生活会变成现在这样。我确信会是这种感觉，却从未想到真的变成这样。

实现梦想的道路如同一个迷宫，你唯一能预测的只是前方的几步。直到走上前去你才发现这是条弯道，转过去也仅仅能看到眼前的一小段。有时前方死路一条，你不得不折返回来，而偶然间你又能发现一条神奇的捷径，让你加快了速度。梦想的旅程，几乎是以完全相同的方式展开在你眼前。

莱恩·比奇利

没人能预知整条路。你只需要跨出第一步并继续那个旅程。

马斯丁·基普

实现梦想的过程注定是一场冒险——你永远在追寻未知。你不能指望任何人，没人在身旁鼓励你，但相信旅程只要开始就总会有终点。追寻者或许有过想法、意图、最终目标，但却不知该如何实现。

身陷迷宫正是你所追寻的冒险。你不想预先看见一切，了解一切，也不可能让梦想在弹指一挥间实现。你想要的正是这个旅途所带来的挑战，因为只有克服这些挑战，你才能获得真正的幸福感和满足感，那正是人们所一直追求的。

阿纳斯塔西娅·索阿雷

有些事情不会按照你预想的那样发展，你得提前做好改变策略的准备——开辟另一条道路。这就如同走迷宫一样。你向前摸索却发现是死路一条。那么，你只能掉头去寻找另一条路，而它终究会引领你找到出口并实现你的梦想。

当你正走在通往梦想的道路上，可能会突然出现一道屏障，你感觉前方死路一条，自己注定就要失败。然而身处迷宫，不管出现何种困境，你总能找到另一条路。当你得知到达迷宫中心就能让梦想成真时，你丝毫不会因之前的迂回辗转感到气馁，因为你知道成功也许就在下一个转角。而梦想通常就是这样实现的。

约翰·保罗·德约里尔

你要明白梦想不可能一蹴而就，如果你真想有所成就的话，就要步步为营。一路上小心前行。

丽兹·玛瑞

我明白人总要面对重重困难，不过即使面临巨大的阻碍你依旧能有所作为。正如西奥多·罗斯福所言："在你所处的位置，用你所有的资源，做你力所能及的事。"你可以挑感兴趣的事然后全身心投入，即使它会花费很长的时间，一点一

点地开拓出一个属于自己的新天地。你不一定要成为万人瞩目的明星，请相信时来运转，戏剧性的转变总会发生。

一步一个脚印

在旅途中，要提醒自己应该一步一个脚印地前行。这也是你一直要做的。无论你身处何处，面对何种境况，你都要一步一个脚印。人一旦对未来的遭遇掉以轻心，就会陷入不知所措的境地。通往梦想之路永远不会以你预想的方式展开，所以要一直铭记"一步一个脚印"的训诫。在我拍摄电影《秘密》时这句话帮了我大忙。每当我觉得梦想偏离正轨时，脑海便会有声音提醒我只迈一步就好，一步一个脚印，我的梦想最终变成了现实。

丽兹·玛瑞

如果你觉得自己能预知每一步，那你便错了。这个错误便是我们总觉得自己需要——或者说我们能够——掌控一切。我母亲被送到戒毒互助所，那里的人都在静思祷告："上帝啊，请赐予我宁静以接受无法更改的现实吧，请赐予我勇气以改变我能实现之事吧，请赐予我智慧让我能明辨是非吧。"此外别无选择。我不可能让母亲回到从前。我不可能改变我父亲艾滋病的诊断结果。我不可能操控天气阴晴。我们总能列举一系列无法控制之事，把精力放在上面简直是白费力气。取而代之，我们应当说："好吧，现在能做些什么呢？"

迈克尔·阿克顿·史密斯

我一直在一步一个脚印地走着，偶尔会倒退或碰到死胡同，但只要坚信自己能走到最后，最终就会获得成功。

就好像身处一个迷宫，某一天你转了个弯，突然发现自己已经到了出口——你的梦想就这样实现了。

一旦你实现了梦想，回头看看你走过的路，蓦然发觉那些曾迫使你另择道路的阻碍，不仅仅是梦想的引航器，更是助你通往梦想的捷径。事实上，路途中并非真的有墙，它们只是以墙的意象示人；也并非真的有死胡同，它们也只是以死胡同的意象示人。这些都是为了提醒你用迂回的方式，去实现更宏伟的梦想。

吉姆·拉奥

在我40年的旅途中，发生过很多次未按预期发展的事情。遇到这样的状况，我会毫不犹豫地停下来，并以开放的心态改变行程。最近经历的就是如此，我们用超过12亿美元的价格买下一个国际能源巨头百分之五十的股份。当事情未按我们预期的方式发展，以及我们的预期目标与伙伴的不一致时，即使那意味着要面临暂时的挫败，我们也选择退出。而事后看来我们是得大于失。如果你的目的是纯粹的，那么宇宙会找到合适的方式奖赏你。

在英雄的旅途中，你在任何时候经受失落、排斥或遭遇未按自己预想发展之事，当你的信念摇摆不定时，请提醒自己要一直朝着梦想前进，这样才能收获最理想的结果。

马斯丁·基普

作为一个创业者，经常会运用业务转向这个术语。业务转向最基本的含义是执行不顺畅就要转移——继而去执行我刚学习或收获的新想法，而这才是真正意义上的英雄旅程。找出哪些是有效用的，改变那些行不通的，不断尝试，最后才能抵达终点。

约翰·保罗·德约里尔

梦想是会改变的。1980年我跟同伴刚开始经营约翰·保罗·米切尔系统公司的时候，我们的梦想是："如果一年投资500万美元，能净挣20万到25万美元，那以后的日子就衣食无忧

了。"然而,随着公司规模的扩大，当初的那个目标已然实现，我们的梦想也随之改变，转而向更高的目标迈进。所以重要的是一旦你实现了这个梦想，就要开始追寻下一个梦想。这是演变的过程。

当你在迂回曲折而又激动人心的英雄旅程中追逐梦想时，有一件事是毋庸置疑的——你的梦想永远不会低于你的期盼。它只会变得越来越宏伟，最终远远超出你的想象。

反对者 & 同盟者

反对者&同盟者

彼得·弗约

我们都会遇到反对我们的人。创建一家如此规模的公司，我就必须同最强硬的反对者竞争。

　　彼得·弗约必须面对各个方面的反对者，从潜在投资人、竞争对手到政府官员，都可能会阻止他追求梦想。但是尽管各种反对者和障碍曾挡住他的去路，现如今墨西哥耐克斯已成为一家拥有17,000名职工、400多万客户的掌握最先进技术的通讯公司。从最初的一个努力进取的移民小孩，彼得仅用了不到五年的时间，便取得创建起耐克斯这个巨头的成就，而那时的他年仅38岁。在彼得掌权期间，墨西哥耐克斯在过去的十年里持续快速地发展，并成长为一个市值数十亿美元的公司。

马斯丁·基普

反对者是旅程的一部分。你要明白如果你获得成功，并做了一些了不起的事，会招来仰慕者也会招来质疑者。我只当那是成功的标志。

每个人都有这样的经历，即在事情未做成之前，就要面对成百上千的反对者，质疑他们的梦想不可能实现。当爱迪生说他要发明一个能够照亮整间屋子的装置时，你认为人们对此会有何回应？当亚历山大·格雷厄姆·贝尔说他要发明一种能让相隔千里的两人听到对方讲话的工具时，你觉得人们又会又何回应？你要去相信，当很多反对者环绕于一个伟大的梦想周围时，他们就是你能成功的最好证据！

阿纳斯塔西娅·索阿雷

1995年时，我已经变得十分忙碌，我甚至会想："我必须在贝弗利山庄开一家自己的店。"于是我找到房东，他吃惊地对我说："你疯了吗？你修眉挣的钱都不够付房租的。"他不愿意把店面租给我。不过他见我如此疯狂，最终还是应允了。他说："好吧，我给你六个月的时间。"之后的第一周，顾客便在我的店外排起了长队，有一天老板找到我说："我从没见过这么疯狂的事。你确定要在这里修眉吗？"

莱尔德·汉密尔顿

反对者是永远存在的。作为一个敏感的生物，你将会一直受其影响；他们会如影随形。不要成为反对者的牺牲品，否则他们的目的就达到了。

反对者所造成的影响大小取决于你。只有你能选择如何应对他们。如果你让一个反对者影响到了你，那你将会受到更多反对者的影响，所以绝不能让他们得逞。我们要让反对者的算盘落空，他们不仅无法阻止你，相反他们的冷言冷语，更能激发你重整旗鼓并向梦想迈进。

彼得·弗约

把反对者当作成功的推动器是种很美妙的感觉。他们实际上会加速你接近幸福的速度，并助你取得更辉煌的成就。

莱尔德·汉密尔顿

我把很多反对者都当成刺激我前进的动力。我把"你不可能做到！"转化为"没错，我就是能做到！"这激励着我前行。我只是把它们掉了个头，将消极转换成积极，因为在我的世界里反对者尤其多，并且他们会一直存在。

彼得·布瓦希

我不会被反对意见困扰，同样的，我也坚信自己走的路是正确的。

"曾经多次被告知那是不可能完成的。一次又一次，我凭借
自己坚持不懈的努力让美梦成真。"

霍华德·舒尔茨
星巴克董事长和首席执行官

反对者们有助于你改变方向，走上捷径。或许，你脑子里已经为
如何实现梦想定好路线，当你顺着这条路前进时，你会遇到作为决策
者的反对者们，他们迫使你停滞不前。这时你只能再另寻他路，后来
你才发现这条路比你原本打算走得更宽广平坦——所以感谢那些反对
者。祝福他们！

彼得·弗约

*我会不经意地遇到一些和我意见相左的人，实际上正是他们
指引我去到将去之地。这形成不了阻碍，他们甚至能引导我
向正确的方向更快进发。*

彼得·布瓦希

我在加拿大打球的时候，收到了来自网球协会主席的一封

信，信中写道："你的情况很糟糕，劝你还是放弃比赛。"我觉得与其把它当成阻碍，不如把它当成挑战。当我重返加拿大参加全国锦标赛时，我已经做好了互换场地并挺进最后决赛的准备。我掏出了当时的那封信，在那个时候我离赢得全国冠军只有一步之遥。

忽略无关紧要的事

有一条宝贵的意见，可能是你要为旅途考虑的，那就是在告诉别人你的梦想之前，先让自己内心充满坚定的信念。如果你过早告诉别人你的梦想，就可能因别人的反应而灰心丧气，从而放弃自己最初想要坚持的。这样的事发生在很多人身上，你恐怕也难以幸免。你曾有做某件事的想法，但这已超出你的知识范畴，于是你同别人分享了想法，别人回应的却是无穷的质疑，这可能会让你在刚起步时，就关闭了梦想的大门。那么后来的情况通常是，不久之后你就发现自己曾经的想法别人已付诸行动——并取得了巨大的成功。

约翰·保罗·德约里尔

关注少数至关重要的事。忽略多数无关紧要的事。

丽兹·玛瑞

小心别人给你定义的标签。每个人想法不一，他们很快就会告诉你什么可能什么不可能。别人的话语充满了武断，这是多么的不幸。我们只有真正付诸行动才会了解什么是可能的。因此没有行动之前无法判断。绝无例外。

"远离那些轻视你理想的人。小人经常如此，而真正的伟人，会让你觉得你也可以变得伟大。"

马克·吐温
作家

当我决定拍摄电影《秘密》时我没告诉任何人，直到我在脑海中完全规划好之后。我花了四个月的时间来考证、筹划、纠结，直到确定没人能够阻挠我。此后我才把它分享给别人，即使会有成千上万的反对者质疑我的梦想不可能实现，也不会对我再造成任何影响。

追逐你的梦想，坚定追梦的信念，在与他人分享之前好好规划，直到未来变得清晰明朗。

莱恩·比奇利

当我在曼利海滩开始练习冲浪时，我右边仿佛有两个家伙命令我远离这片海域，而左边仿佛有两个家伙在说："你真棒，我们喜欢跟你一起冲浪的感觉。"所以你觉得我该听谁的呢？当然是站在我左边的这两位。

皮特·卡罗尔

真正给了我力量，让我从被解雇的阴影中走出并强大起来的原因，是我不认可这个决定。我就是不接受它。我质疑这个想法，或许他们是对的，但我知道我的质疑是有原因的。

反对者们通常都是些紧闭心扉，没有发挥出他们全部潜能为自己活一次的人。如果他们发挥出自己的全部才能去完成一件事情，就能从自身的经验中懂得一切皆有可能。

约翰·保罗·德约里尔

在我11年级的时候，我们工商管理课的老师当着全班所有同学的面，对我和我朋友米歇尔说我们将一事无成。我们当然不认同他，并断定自己在有生之年一定能够有所作为。米歇尔后来成了一名超级巨星。那就是米歇尔·菲利普斯的妈妈与爸爸合唱团。

　　我拍摄电影《秘密》的过程中有过很多遭人反对的经历，其中一次被别人讥讽的遭遇让我印象尤其深刻。当时我准备在各大电台媒体面前出席我的电影处女作的剪彩活动。为了这个活动，我争取了一年也做了许多牺牲。采访结束后，电视台对这部电影没有任何好评。相反，这些人都在吹毛求疵，挑出影片各个方面的瑕疵。我震惊地离开现场，在走出举行会议的大厦后独自一人在街上游荡。我最终强打精神奔向飞机场，在坐了一个小时的飞机后回到家中。回来的路上，我意识到我没有任何办法去解决电视台永无止境的批判，并且我也不需要去解决。飞机着陆的一刹那，我被自己能够制作电影的这个经历所鼓舞。我们曾追随着这些灵感并把它们融入电影中，而这些灵感正是电影能取得巨大成功的关键。

同盟者

　　尽管在英雄的征程中必定会遇到反对者，但你同样会遇到许许多多的同盟者，天使就在你的生活中，即使出现的时间很短暂，他也会在旅途上支持和帮助你。

马斯丁·基普

我不相信这世界存在独行侠式的成功或是单打独斗的人，因为每个人在成功的路上都需要别人的帮助。

莱恩·比奇利

所有取得成就的人都是站在前人的肩膀上的，重要的是，无论你多么成功，你都应当记住并清楚谁在成功的路上曾帮助过你。

没有一个人能够独自实现梦想。在通往你梦想的路上还有许多支持和帮助你的人。在我们的英雄之旅中，一路上那些认识或不认识的人都支持和帮助过你，他们带给你的惊喜是整个旅途最美妙的经历。

迈克尔·阿克顿·史密斯

我的工作背后有一个极大的支持网。每个支持我的家人、投资者、雇员，甚至连顾客留在餐巾纸上的素描都对我有很大的帮助。

莱恩·比奇利

对于一个八岁的孩子而言，确立一个成为世界冠军的远大目标显然挑战巨大。当我想放弃或者是想离开时，我会举起双

手感叹："这些都太难了。"幸运的是在这段心酸的岁月
里，我生命中总会出现一些人为我加油打气："你可以的。
我相信你。"当你生命中一些尊敬并欣赏你的人对你说他们
相信你时，满满的信念就被灌输到你身体里。有这样一些人
出现在你生命中弥足珍贵。

在制作《秘密》这部电影时，有许许多多的人出现在我们的生命里，帮助我们完成下一步进程。除了这些伙伴之外，我还有一个和我一起创作影片的团队，没有他们的奉献和支持，我的梦想永远不会实现。

我曾经没有足够的钱来支付团队的薪水，最落魄时我甚至抵押了房子，每张信用卡都被透支用来维持电影的制作，但最后钱还是花光了，我经历了让人心碎的日子。你知道他们是怎么做的吗？两三个我团队的高管一起从他们的信用卡里套现，付工资给那些没有薪水就无法过活的员工。毫无疑问，我的团队是我最伟大的伙伴。

尝试&奇迹之路

尝试
&奇迹之路

阿纳斯塔西娅·索阿雷

生活充满了挑战。如果你认为生活一帆风顺、完美无瑕，那么你就错了，或者说这是一种妄想。

彼得·布瓦希

困难无时无刻不在。没有人早上起来就可以体力充沛、精神焕发、心情舒畅、神采飞扬。接受你会遭遇难关的现实，因为每个人都难以避免。人们总会问："为什么是我？"那为什么不是你呢？

"通往目标的道路并非一帆风顺。重重的阻力和难题都会随之而至，但你必须牢记自己的使命……不要忘记宏伟的蓝图，更不要让微不足道的意外和失败成为你的绊脚石。"

德里克·彼得
美国棒球冠军

挑战和阻碍

英雄的旅程中所遇到的每一个阻碍和每一次挑战，都会让你突破自我。因为在这个过程中，你获得了克服阻碍和战胜挑战所需要的伟大人格、优秀品质和卓绝能力。这些品质和能力将你塑造为有用之材并助你实现梦想。因为，挑战和阻碍是英雄旅途中的指明灯。事实上，挑战越激烈，阻碍越强大，你就会越成功，越接近目标。

马斯丁·基普

人们从挑战中获得的最重要财富不是得到了什么，而是变成了谁。当你面临挑战，战胜挑战时，你会更加相信自己，肯定自己的能力，甚至会更加相信上苍，坚信可以向更大的挑战发起冲击。克服困难的过程本身就是你

得到的最棒的礼物——远远超过其他一切的物质享受。
因为这是别人永远无法从你身上夺走的。

彼得·布瓦希

经历过病痛、挑战、动荡、倾覆诸如此类的洗礼，你就
会变得更强大，因为你拥有了一颗无坚不摧的心。

如果你人生中曾面临别无选择的挑战，便会发掘出自己都不曾
知晓的巨大能量。这些能量汇聚成一种强大的人格，让你超越从前的
自己。孕育过生命的女人深谙此理。母亲们要足够强大才能抚育和呵
护自己的孩子。她们要有耐心，要容忍，要坚定，甚至要忍受身体的
剧痛。孕育生命所必需的力量和品质，让一个女人完成了向母亲的蜕
变。我们视母亲为英雄，因为她们拥有克服最艰难时刻的力量。

马斯丁·基普

当你真正迈出脚步迎接挑战，以及最终战胜挑战时，
一定会高呼："天啊，我做到了！"你绝不只是安静
地坐着说："我爱这一刻。"那时的你自信心将得到
空前满足。

莱恩·比奇利

挑战和阻碍给予我们每个人学习、提高和成长的机会，也是生活赐予每个人安乐和享受之外的宝贵财富。

英雄旅途中的阻碍和挑战，给我们提供了必需的品质和能力，让我们在梦想变成现实后依旧能守护胜利的果实。如果没有延续成功的能力，梦想会在实现之后即刻如烟雾般消散。因而挑战和阻碍是成功路上的踏脚石。

吉姆·拉奥

我经商之路的进程如同流水一般，每遇到一个障碍都会改变方向，直至抵达最终的目的地。我的一生充满挑战，每一次挑战都是命运的巧合，为我敞开机遇之门，通往更大的可能。

约翰·保罗·德约里尔

挑战和阻碍让我们经历完美的历练，这也是成功的一部分。生命中许多事情的发生都不会尽如人意，但能让我意识到：如果当初没有战胜困境，我就不会如现在这般成功。生命中注定会有坎坷，而它们将引领我们走向最终的成功。

　　以我自己为例，决定追随梦想之前所遇到的所有阻碍和挑战，与之后生命中的一切困难相比都微不足道。当你定下目标并决心追逐梦想时，所有的阻碍和挑战都比此前更容易征服。没有目标，阻碍和挑战会毫无缘由地出现，就像厄运一般。每个人都要有目标，这是成长的一部分，因此即使你想逃避生活也无法逃离挑战和阻碍。

彼得·布瓦希

我的人生信条一直是：若是生活报我以蜜糖，我深怀感激；若是生活报我以苦果，我就将苦果一一尝下。

　　初遇挑战和阻碍，我们都会觉得它们坚不可摧，这都因找不到解决和攻克的办法所致。事实上没有什么阻碍与挑战是不可征服的。绝对没有。

彼得·弗约

好的心态能战胜一切阻碍。我秉持的心态是安于幸福并为之感恩。我一直坚持事业上与同伴共享，分享得越多障碍便会越少。

　　彼得·弗约将他的成功归功于为实现梦想认真遵循的一系列原则。没有任何障碍能阻止他。他因心怀感激而乐观和幸福。他尽己所能地帮助他人。无论遇到什么困难，他都会用英雄最强大的能力之一——想象力去克服。

彼得·弗约

来自竞争者、腐败以及监管机构的阻碍一直存在，但我并不在意。我在意的是结果，我在意的是最终目标。一个障碍不过是一条迂回的路。面对它时我会说："好吧，我们怎样才能绕过它呢？"我设想的是不同的方法。

　　想象你要的结果，就会收获解决问题的办法，或找到战胜挑战的最好路径。答案到来时遵从于它，你的惶恐不安就会随之消失。

　　想象一下你迷路了向路人询问方向，而当那个人为你指明方向并试图帮你脱离困境时，你却在滔滔不绝地诉说自己的迷惘，埋怨迷路的严重性，解释自己怎样努力寻找出路却被恐惧所缚，害怕永远都找不到出路。这时的你看不到方向，即使方向就在你面前！如果你脑海里充斥忧虑和苦恼，就听不到宇宙为你提供的解决方案。

丽兹·玛瑞

我时常会从朋友家的地板上醒来，因为我要一大早去参加开学前的各种补习班，我需要一些去补习班的动力。为此，我会在脑海中勾勒一个跑步者的形象。我认为那个人就是我自己，但我只看过她的背影。她沿着跑道独自奔跑。我看到无数有形的栏杆，她一次又一次地跃过栏杆。我躺在那里描绘她的形象，这样就可以督促自己起床去上课。我会对自己说："是的，你累了，这就像一次跨栏。你昨天晚上完成了功课，已战胜一个阻碍。你早上空着肚子去坐火车，饥肠辘辘。前边还是栏杆，栏杆，栏杆。"我又看见她跃过栏杆时矫健的背影，在太阳下汗流浃背。因此，每当我遇到困难时便会想，这会不会又是一道栏杆呢？栏杆无法与跑道分离，它是跑道的一部分，所以任何困难都不能成为我脱离跑道的借口。当困难只是成功路上的一个环节时，如果我足够勇敢去克服它，就会到达胜利的终点。

迈克尔·阿克顿·史密斯

我不知如何解释，但是在最黑暗的那段时间里，我只坚信一个结果，我知道自己一定能克服。如果你坚持不懈，并且向宇宙发出请求——它一定会回应。

约翰·保罗·德约里尔

遭遇否定就放弃，会让成功变得遥不可及。任何事情想要成功，关键就是要欣然接受拒绝，不要让它左右你。很多人会在事情开始之时措手不及，认为自己已经是失败者，就此止步并停滞不前。假如当初这些否定没有发生，就不会有现在的约翰·保罗·米切尔系统公司。

失败和错误

"人人都会犯错。没有错误，生活就了无生趣。如果打高尔夫时十八个球洞可以百发百中，我就无法对这项运动有持续的激情。我的意思是，偶尔进球才让游戏趣味横生。即便偶尔出现的概率不高。"

沃伦·巴菲特
产业大亨和投资家

莱恩·比奇利

花些时间回忆一下过去的那些所谓的失败和错误，或者挫折和失意。你会发现一切困难都是人生旅途中不可或缺的一部分。

保罗·奥法里

一个婴儿为何能跌倒又站起？它需要的是无限的勇气。从无到有的整个过程会有数不尽的挫折。不过你也从失误中受益良多。

莱尔德·汉密尔顿

你应该微笑着面对失败。对我而言最有价值的经验来自失败而不是成功。经历失败才能更靠近梦想。

如果你尚不具备实现梦想所必需的洞察力和判断力，失败和错误会帮你发掘这些品质。盲目听信他人，你会遭遇失败，不经深思熟虑便妄下决断也会铸成大错。当你回忆起过去的失败和错误，你会发现曾出现的警示红旗和标志都被你忽视了。换句话说，你忽略了你的直觉。

莱恩·比奇利

失误是一次成长的机遇，遗憾的是不能经历一次失败就走向成功。宇宙最棒的恩赐是它会一直给予你同样的历练直到你学会直面失败。

成功需要探索出一条属于自己的路，而不是听信盲从，或者说，成功需要三思而后行。

> "从一家经营不善的餐厅中所学到的，远远超过那些大获成
> 功的餐厅。"
>
> 沃尔夫冈·帕克
> 餐饮业大亨和商业巨头

吉姆·拉奥

*失败值得喝彩，因为失败激发斗志，是人们反思自我汲
取能量的一方沃土，而我们必须吸取教训才不会重复昨
天的错误。为了鼓励新的理念、尝试、实验和改革，即
使犯错也不应该被责备。*

当你担负起失败和错误的责任，而不是怨天尤人，并且找寻到其
中暗藏的人生财富，这将成为你英雄旅途中最有力量的神器。失败和
错误在所难免，能否抓住它们赋予的神奇魔力完全取决于你！

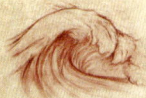

莱尔德·汉密尔顿

*通向成功的路有迹可循。首先你要坚信成功是有可能
的，然后你应该微笑着面对失败，你要重新振作并且再
接再厉，不久你就会欢呼："啊，我已踏上征程！"然*

后发觉，"我正在进步"，紧接着，"我已得心应手"。不久你会攀上峰顶，而那时的你才意识到重要的不是登顶，而是攀登的过程。因为你在攀登过程中乐此不疲。

奇迹

彼得·布瓦希

我对过往的一切心怀感激，我意识到我们并不如想象中那般独立。我们相互依存，都离不开氧气、运气、时机以及他人。

英雄的旅途布满荆棘，但沿途你也会经历各种奇迹。事实上，奇迹远远多于荆棘。从我的经验而言，在追逐梦想的征途中，奇迹像实现梦想一样振奋人心。当宇宙为你谱写超乎人类想象的乐章时，我向你承诺，你会震撼得屏住呼吸。你会一次又一次地追问："奇迹为何会降临在我身上？！"

丽兹·玛瑞

我曾经露宿街头，还曾是一名入室抢劫犯。这种行为为人所不齿，但我需要生存。我还会去邦诺书店窃取心理读物，在楼梯间阅读。我的故事因此传开并且我接到了来自史蒂芬·

柯维公司的电话。我为自己辩护，但直到站在史蒂芬面前我才意识到自己偷的是他的书。我不得不向他坦白："我偷了你的书。"而他却告诉我那些书对我都免费。

丽兹后来受到史蒂芬·柯维的邀请，与他分享同一个舞台，向大家讲述自己的故事，那时她年仅18岁。那天对丽兹的人生而言无疑是充满奇迹的，因为她有机会诉说心声并用自己的故事感染他人。丽兹顺势写出了她的畅销书，这次与她共享舞台的是米哈伊尔·戈尔巴乔夫，以及托尼·布莱尔。

彼得·布瓦希

1968年末，我正在参加网球巡回赛，当时身无分文。我和伊萨多·夏普一起练球，他是四季超豪华连锁酒店的创始人，他问我："你将来准备从事什么职业？"我说："我不知道，可能会去当老师吧。"他接着又问："你需要什么帮助才能继续参赛？"我答道："两张1800美元的国际机票，得有3600美元我才能留下来。"第二天我被叫去了他的办公室，他从办公桌对面递给我一张3600美元的支票并说道："祝你好运。"这件事改变了我的一生。它成为我继续参赛的关键理由，让我有可能获得好的世界排名。这之后的一切才变得熠熠生辉。

马斯丁·基普

我曾四海为家，住在前女友父母家中的一个八平方英尺的小房间里。The Daily Love网站是我的爱好，但我决定将它变成我的职业。经过一个月不间断地发布微博，传送邮件，用尽办法解决所有不确定因素，金·卡戴珊成功地让200多万网友关注我的推特账号。我永远不会忘记那一刻。一夜之间追随者从1,000跃升到10,000。我感觉是上天的旨意让我坚持到底。

莱恩·比奇利最大的梦想是成为世界上最优秀的女性冲浪员，尽自己最大的努力打破此项比赛连续四届蝉联的世界纪录。莱恩在为她的第四个冠军争夺赛的最后一个赛事奋力拼搏。一年中所有赛事累计分数最高的运动员才能获得冠军，今年的最后一个赛事莱恩的分数遥遥领先，不出意外的话这个冠军非她莫属。

莱恩·比奇利

2001年，记得那是最后一场比赛。我已进入四分之一决赛，却在最后一试中失误。这对我来说无疑是重重一击，同时也预示着我会与第四次世界冠军头衔失之交臂。我觉得我让全世界都失望了。我极度惶恐不安，因为我没有完成目标，还未打破四次蝉联的世界纪录。

　　莱恩需要奇迹。因为莱恩的很多对手只要赢得当天的比赛，就都有机会超越她夺冠。

莱恩·比奇利

保琳·敏斯泽是1993年的世界冠军，她走到我身边说道："不要担心，我们一定能战胜困难。"她想看到我获得冠军。她曾驰骋疆场，所向披靡，没人能从她手中夺冠。保琳一次又一次地赢得比赛，但是在这个过程中，她却让我有机会完成四次蝉联的梦想。她的视力一直不好，但付不起视力矫正手术的医药费。为了表示感谢，我决定帮她医治眼睛。

　　莱恩·比奇利最后连续六次蝉联世界冠军。

丽兹·玛瑞

我的故事在《纽约时报》刊登之后，我对成为英雄的感知更加深刻。社区的邻居来到我的学校，纷纷伸出援助之手。我甚至不认识他们。他们抱着巧克力蛋糕、从自己的橱柜挑选的衣物还有学习用品，站在那里，美丽得如同天使。我曾经无家可归，是他们为我租赁房屋。他们为我铺好床铺。他们为我开启明灯，还将冰箱填满。

每个人都以自己的方式传递温暖。有这样一位女士，她在邻居们来过的三周之后找到我，在学校门前一见面就握住我的手，介绍自己，并向我表示歉意。我问她为何道歉，她答道："因为我从《纽约时报》上了解到你的故事，把印有文章的那页纸贴在冰箱上，每天都提醒自己要来帮助你。可接着却是'唉，没时间，没钱——恐怕做不到了'。因此，我可怜的孩子，今天早上在洗衣服时一个念头击中了我。丽兹肯定也有衣服要洗吧。"这时我才了解到她的来意。她看着我真诚地问道："请问你有衣服要洗吗？"我们回去取了我的衣服，接下来她每周固定会来一次。她对我说，"我能做的不多，但我会尽我所能。"假若地球上每个人都懂这个道理就好了——我能做的不多，但我会尽我所能。我学会了每个人都可以从点滴做起，从现在开始帮助他人。如果我们都这样生活，世界将充满阳光。

终 极 考 验

终极考验

阿纳斯塔西娅·索阿雷

如果不想过单调乏味的生活，就要做一名勇士。想要创造精彩并活出自我，也要做一名真正的勇士。我要与众不同。我要做一些能改变自己人生的事，还要去改变这个世界。我不甘平庸。

迈克尔·阿克顿·史密斯

那是一种煎熬。耗费几个月的努力才让企业步入正轨，可惜我们没有赚到多少钱。回溯到1998年，几乎没人知道因特网，没有顾客购买产品。只有一个朋友为了鼓励我们坚持到底，每个月用假名定制产品。我们就要放弃了。

在英雄的旅途中，抵达胜利的终点前还要面临一次最后的挑战，梦想越伟大挑战就越激烈，而这次挑战被称为终极考验。它也许会让梦想终结，但只要攻克难关，梦想就近在眼前。

迈克尔·阿克顿·史密斯

这是古老的英雄之旅，不是吗？经历彻底的失败，希望近乎渺茫，却陡然间化险为夷。那些不费吹灰之力就获得的成功，毫无喜悦可言。

莱恩·比奇利

你的人生只有经历低谷，才能激励自己战胜挑战，重见光明。

你应该在电影中看到过英雄历经严酷考验的片段，他们克服征途中的每一个阻碍，然而在成功营救公主得到圣杯之前，仍要闯过终极难关才能摘取胜利的果实。

马斯丁·基普

每个英雄都会面临死亡，或经历死亡而后重生。意念、心理、情感、精神、身体、无法逃避的死亡，让人们感到恐慌。但我们要迎难而上，像救世主一样，张开双臂去迎接它的到来。

"如果不是未曾在其他领域成功，我可能就不会有决心在一个有归属感的领域深耕。我获得了自由，因为最害怕的已然发生，但我还活着，且还有一个我深爱的女儿，我还有一台旧打字机，以及一个宏伟的想法。所以低谷成为我重建生活的坚实基础。"

J.K. 罗琳

《哈利·波特》作者

约翰·保罗·德约里尔

我就职于一家公司并担任两个要职。即便如此，公司仍以我不是他们想要的人才为由将我解雇。我又找到另外一家公司工作。一年后因我不参加周末聚会再一次遭到辞退。我为第三家公司实现了三倍的销售额，结果还是被老板告知："我很抱歉，我们解雇你是因为有人只拿一半的薪水就能完成你的工作。"不久后我创办了约翰·保罗·米切尔系统公司。在经营公司的两年中，我领悟到一些道理——如果当初没有经历那三次解雇，就不会有现在的约翰·保罗·米切尔系统公司，因为过往的公司都教过我一些技能。即使惨遭辞退，冥冥之中，似乎是宇宙在一路教我成长，催我奋进。

在约翰·保罗·德约里尔和他的商业伙伴保罗·米切尔准备将美发产品推行上市时，一个已同意注资的投资人突然撤回所有资金。约翰·保罗和他的搭档只剩下数不清的空头支票，以及无法清偿的巨额账单，如果客户不付款就无法度过接下来的45天。他们濒临绝望。不过约翰·保罗产生了一个惊人的想法——用现金支付能提供折扣。几乎每个客户都接受了这项提议。终于，约翰·保罗·米切尔系统公司活了下来。

莱恩·比奇利

1995年，我排名世界第二且正参加我的第一个冠军争夺战。我给自己施加了很大压力，结果于1996年被慢性疲劳击倒。我身体似乎没什么大碍，但心理、情感、精神已濒临崩溃。在最低潮时我甚至想过自杀，而之前的我是那样热爱生活，这真让人惶恐不安。我想要放弃，但是仍有要活下去的理由，为了钟爱的冲浪我将全力以赴。或许在做热爱的事情时我会体力不支，但强大的信念足以使我坚持下去。虽然我知道身体可能无法承担这样的负荷，但依然选择去参加夏威夷的比赛。我对自己说："我要去享受过程。"那年我包揽了夏威夷各项赛事的冠军，并且那是我夺得第一个世界冠军的前一年。

慢性疲劳为我带来了宝贵的人生财富。我很庆幸自己没有放弃。

皮特·卡罗尔

在我的教练生涯中我曾多次被解雇。在运动界一旦被解雇就会人尽皆知，消息遍布报纸上、新闻里，这是一件大事。与丢掉工作后回家只要应付妻子不同，你要应付其他所有的人。这真是一项巨大的挑战。不过还好，厄运降临了，其中肯定蕴含着能助我前行路上变得更好更强的巨大能量。我恍然大悟，虽然我已参加工作多年，但依旧不够努力，没有真正获得对人生有益的财富。我破釜沉舟，无论是否还有机会，都准备着迎接未知的挑战。来自南加州大学的机遇终于降临，这次我想自己一定可以做得更好。

马斯丁·基普

当我们深陷困境寸步难行时，有没有想过这并非命运的不公，而是上天以另一种方式赐予的礼物？有没有想过这些境况的发生，是因为无法匹配我们巨大的潜能，你的精神快被摧毁了，这或许不是惩罚而是恩赐？有没有

想过最糟糕的那一周或那一天，或许是上天的考验，从
此掀起你人生的新篇章？

当主要投资商撤资时，阿纳斯塔西娅·索阿雷正处于推行美眉产品的关口。面临资金缺口，她急需200万美元将堆满仓库的产品推向市场进行销售，而她只有七天时间筹措资金，否则就要放弃梦想。阿纳斯塔西娅当然不愿放弃，她自学营销、销售和物流。凭着她的顽强和天赋，堆积的产品被销售一空，风靡全美并走向世界。

迈克尔·阿克顿·史密斯

2004年，我创办了摩西怪物游戏公司。我们研发的第一款游戏虽极具创造力却根本没有收益。摩西怪物算是我们的最后一搏，也是最后一次机会去创造一款成功的游戏。我们为创造它耗尽了所有积蓄，在2008年底，公司已沦为一副空架子。本能告诉我奇迹一定会发生，因为这款游戏与众不同，但没人愿意投资。那段时间，是我面临着最大障碍和最让我抓狂的时期，因为一大批员工等着发工资，有那么一瞬间，我们甚至想宣布破产并关闭公司。在那些漫漫长夜，我经常凌晨四点惊醒，脑海里满是如何解决这些恼人问题的想法。幸运的是，另一

个投资人天使般地降临了，圣诞节前夕我们终于筹够资
金发放工资并让公司继续运转，接下来的那个月我们推
行了会员制，自此公司实现了盈利。

保罗·奥法里

中国有句古话："祸兮福之所倚。"因为每次失败都蕴
含一次重生的机遇。

我对电影《秘密》的憧憬，是有一天它能在全球同步放映，达
成目标的唯一方式是实现24小时内数个电视卫星全球同步转播。一开
始，当《秘密》这个创意诞生时，国际电视网络对它产生了浓厚的兴
趣。然而当电影制作完成，还未观映影片，一个接一个的电视网络公
司就失去了兴趣。我们不能半途而废，我已背负了300万美元的债务，
却没有合适的途径将这部电影向全世界展示。

我们了解到有家公司研发了一种通过网络进行营销的新技术。拯
救这部电影的可能性出现了！我们团队和这家公司夜以继日地拼命工
作，将这种新技术运用于电影宣传中并让它更加完善，《秘密》在网

络上实现了直播——第一部以这种方式播映的影片。这项技术让《秘密》实现了24小时内同步转播，正如我梦想的那样。

> "与其投降，不如经历一次酣畅淋漓的灭亡。如果你放弃梦想，还剩下些什么？"

金·凯瑞

演员

事实上，严酷的考验听上去非常吓人，直面它之前你从未意识到如此艰难。当你战胜这终极挑战便能无坚不摧。能够走到这里，意味着你已发掘出蕴含在体内的巨大潜能，你拥有能够直面它的一切——去战胜终极考验。

第四部分

成功

回报

回报

　　你曾亲睹体育团队赢得比赛时的兴奋，以及运动健将斩获金牌并打破世界纪录时的狂喜。他们的蓬勃激情感染了你，使你也深受触动，甚至忍不住潸然泪下。然而我们观赏时的激动与运动员在胜利那一刻的心境相较，简直不值一提。只有成功地走完旅程，在凶险的挑战中坚持并最终克服所有困厄，你才能体会抵达成功那一刻的狂喜。

皮特·卡罗尔

在2005年俄克拉何马州球赛前的一个晚上，我给我的队员们打气。那个赛季我们所向披靡，是一支战无不胜的团队，即将面对的是学院足球史上最大型的比赛。在那

晚的会议上怎样鼓舞动员才最有价值呢？我走进去告诉他们，我们实际上已完成了最初的预期。我们曾想要比之前做过的每一次都要好，我们以往赢得了大量的比赛，现在我们遭遇的可能是所参加过的最大赛事。我们内心充满雄心壮志，会奋力拼搏直至大功告成，对手想要战胜我们简直是天方夜谭。但那并非最终目的，我们的目的是通过这场洗礼创造最宏伟的目标，实现自己梦想的一切。就让我们出发，去赢得这次比赛吧！

彼得·布瓦希

我或许真的已经拥有了最辉煌灿烂的人生。现在我们是最初建立的17家公司中唯一的幸存者。如今我们将网球事业发展到了134个国家——目标已然实现。

迈克尔·阿克顿·史密斯

早在2009年我们发起建立了捐赠服务项目，这成为我人生中最兴奋的时刻。我们当时开发的免费应用，如今要求家长们每月为其支付大约五英镑。将这项应用投放市场时，我们的小团队就挤在电脑前，坐在那里紧盯着屏幕。五分钟内我们收到了第一份订单并挣到了第一个五英镑，所有人抱在一起欢呼雀跃。我们还没来得及平复下来，第二单又来了，接着是第三单，然后是第四单。

父母们愿意支付我们倾入全部心血、灵魂和精力的产品，我们大喜过望。这真是让人心潮澎湃的经历。

丽兹·玛瑞

我进入哈佛大学后，在那里度过了一段美好的时光并获得了奖学金，还有机会首度和我的第一批听众交流。我过去曾对朋友们说："这里发生的事情就像一部电影，或者感觉像是一本书。"果不其然，后来有投资人根据我的经历拍了一部电影，接着我也写了一本书。这更使我坚信世界会有奇迹发生。

莱恩·比奇利

回首过往的收获总让我难以置信："那是我做到的？简直不敢相信自己居然能做到！"有时候，我仍无法将自己同那个赢得众多世界头衔的人联系起来。不过我对此心存感激，因为仅凭实现自己的梦想就有机会改变他人的人生，这真让人意想不到地满足。

莱尔德·汉密尔顿

怀抱巨大的梦想并将它变成现实，这使我无比快乐。一切就像一个童话。所有的挑战，所有的失败，所有的挫折和痛苦，以及伤痕累累的心，为了实现梦想都是值得的。如果这个目标可以提升我现在所达到的高度，我就不会轻言放弃。

吉姆·拉奥

较之我梦寐以求的，生活给予了更多。如果当初我没有追寻理想，或许我只能过着平凡的生活。

阿纳斯塔西娅·索阿雷

我拥有精彩的生活——它如同一部电影。我做着自己喜欢的事业。可以做自己心爱之事时你会不会感恩？我陶醉于这个旅程，并非常享受每一天，因为对我来说它们都是崭新的。一个人可以在生命尽头了无遗憾，将是莫大的幸福。

因为实现梦想而得到的犒赏，并不标志着旅程的结束，而是另一段征程的开始。突然之间，用于实现你梦想的财富以及无数机遇，将如潮水般涌入你的生命中。金钱、机遇和成功带来的是充满荣耀的自在之感，但是依然无法和创造时所获得的极大喜悦和满足相提并论——当你毫无所求地全身心投入的时候。

保罗·奥法里

每天清晨以问自己做些什么度过这个特别的日子为开始，这便是自由。

马斯丁·基普

我能够无拘束地去旅行，并随意地创造和安排任何我想要的生活。我完全不受地域的限制，因此我可以经营来自巴厘岛、毛伊岛、印度、南非以及纽约各地的业务。这样

的自由如此美妙。尽管我在旅行却依旧能赚到钱并经营好生意。这真让人兴奋。而且最棒的是我想什么时间起床都行。记得过去我总为要起床上学恼恨不已，那种生活真令人厌倦。

阿纳斯塔西娅·索阿雷

梦想越宏伟，财富自然就会越丰厚。任何梦想都必然有一笔财富作为回馈。

当成功来临时，你会发觉自己处于这样的境地，可能这是生平第一次，你可以买自己心仪的物品，可以到向往的地方旅行，可以做你一直想做的事。除此之外，你会有不可思议的机会去和家人朋友分享你的成功，使他们的生活也得到改善。

马斯丁·基普

有两件事最值得人们称道——善于给予并有资本去帮助他人。我最终达到了在奉献他人的层面上想要达到的水平。

丽兹·玛瑞

我四海漂泊时同我一道苦苦挣扎的人们，今时今日依旧是我的家人。这些人我已经相识十六七年了。当我有一丁点钱的时候都极为激动，因为我们可以共同创造一些经历了。我们从处理生活所需开始：比如一起去看牙

医。我的一对朋友需要租一间公寓，我们便担负了租金；我朋友的父亲患了癌症，需要手术，我们努力让他接受了治疗。我想在彼此头顶建一个庇护所。尽我所能地照顾我爱的人，尽我所能地奉献并使大家生活得更好，同时我也收获了无穷的快乐。这已然成为我生命中最有价值的经历之一。

我出生的早些年家庭生活窘迫，那时候我们没有什么钱，可是我们拥有彼此。我非常庆幸自己生长在安全、稳定的环境中，被家人的爱所包围。我的父母一生辛劳，但家境并不怎么富裕。我父亲去世的时候，母亲不仅失去了她的至爱，而且父亲几乎没留下什么遗产，此外她还没有收入来源。父亲在《秘密》成功之前就去世了，因而无法亲眼见证梦想如何创造财富，但我的母亲却可以。她这一生都过着勉强温饱的生活，不过在《秘密》之后，一切都改变了。

我记得有一天母亲哽咽着给我打来电话，原来她进了一家商铺为自己买了几件衣服。她幸福地哭泣是因为她生平第一次不用事先询问价格就买了衣服。假如你足够幸运有这样的父母，他们穷尽毕生心血致力于你的成长和幸福，那么你将理解我那天的感受。终此一生我付出任何东西，都不足以回报母亲对我的给予。

彼得·弗约

一些人问："为什么你依旧努力工作？"我说："因为我正创造生命的不同，而且只要我活着就将一如既往地继续下去。"

追求工作本身的乐趣

发掘自身的理想并靠它维生是世界上最美好的事情。要为工作纯粹的乐趣而奋斗，在周一醒来时也感觉精神焕发，热爱工作让休长假的想法变得索然无味——这才是真正的活着！

彼得·布瓦希

回想20世纪70年代末、80年代初的时候，我住在夏威夷。早上六点钟我都会准时出现在电梯里，因为在六点半我有一节网球课，我常常环视周围的人并想："可怜的人们这时必须上班工作了。"我却从未真正觉得自己是要去从事或完成任何工作。

约翰·保罗·德约里尔

我钟爱我所做的事。我渴望来到办公室。我迫切希望见到和我一起工作的同事。我选择了这种生活方式，并且它真的不错。

皮特·卡罗尔

我乐意从事现在做的事情，不论是否能得到金钱的报偿。有趣的是我的多数队员也都这么说。我们是专业运动员并以此谋生，一切已经很棒，但即便没有报酬我们依旧会坚持。能碰到志同道合的人真是非常幸运。

迈克尔·阿克顿·史密斯

许多人都宣称："如果我挣到钱，生意上一帆风顺，30岁的时候我就选择退休。"这种事情很少发生，因为怀抱雄心壮志和伟大梦想、有崇高期望想要创造辉煌成就的人，绝不属于那类故步自封隐退山林之流。

别人曾提出给我一大笔钱买断《秘密》的电影版权，而当时我恰好债务缠身，《秘密》独立发行的希望很渺茫。但是对我而言，出卖自己的梦想简直无法想象。就像是为了生计出卖我最大的快乐和理智，事实上那是任何财富都买不到的。

迈克尔·阿克顿·史密斯

我有机会以一笔相当丰厚的价钱卖掉我的业务——数以千万的美元——但我不愿扬帆出海驶向落日，待在游艇上惬意地享用鸡尾酒。我喜欢自己的事业。我想继续和精英才俊们一起共事，并希望有所建树。那是驱使我每天清晨起床的动力。

实现梦想后体验到的回报灿烂无比，这是每一个践行自己梦想的人所应得的。此刻你意识到自己有品性和能力去实现任何梦想之事，你将满怀兴奋和激情继续逐梦之旅，从而使梦想走得更远。但这并非你故事的结局，也并非旅程的结束。英雄之旅还有至关重要的一步需要完成，也正是这最终的一步实现了生命的大转化——使普通人成为英雄。

有价值的人生

有价值的
人生

彼得·布瓦希

我们的身体有极限，因而我们的行动也受其辖制。我们每次进食的量是有限度的，我们每次饮用的量也是有限度的。然而，我们服务他人的能力却是无限的。世界上最快乐的人是那些正在为他人做奉献的人。

在英雄征途中你将遭遇巨大的变化。你经历着一场转化，这场转化迫使你再多前进一步。这也是最后一步。在迈出这一步时，你就成了一个真正的英雄，英雄之旅也将就此完成。

你追逐梦想时如火一般的激情，会转化为炽热的同情心。比如，你回到家乡，会向如你当初一样境遇不佳的人施以援手。你了解他们的煎熬。你对他们的绝望感同身受，因为你曾经历过那一切。你将被最强大的召唤牵引着去做你所能做到的任何事情，去利用你所拥有的一切，运用你在旅程中掌握的技能去帮助和鼓舞尽可能多的人。

马斯丁·基普

英雄将会在两个地方受到羁绊。第一个就是当召唤来临时，每个英雄都将经历拒绝召唤的考验。这是众所周知的事。然而不为人所知的是，英雄们炫耀荣誉，沉浸于喜悦当中因而不愿踏上下一段征程时，他们也拒绝了召唤。而只有当你将生命的灵药带回家乡与众人分享时，英雄之旅才算完成。英雄之所以能成为英雄，就是因为这不是一段自私之旅；所谓英雄，就是那些让生命承载的价值远高于他们自身的人。

"当我们不再因为顾及自身而有所保留时，我们才经历了一场真正的英雄觉知的转化。"

约瑟夫·坎贝尔
神话学家

有了全然的成功和满满的犒赏，是时候形成一个源自你英雄内心、比你自身还要高大的目标了。你将被驱使着去分享"生命的奇迹

灵药"——你从旅程中所习得的一切——这样一来你就将尽你所能地
对更多人的生命施以影响。

彼得·布瓦希

劳伦斯·洛克菲勒说过，你足够成熟时将会了解，你所能到达的最高位置是做一名服务者，那些乐此不疲的人终将拥有成功的人生。能够对所有的人奉起一颗服务之心的关键，是做到足够的谦卑。那是你的珠宝王冠。那是你生命的终极收获，同样也是所有人的最重要一课。

丽兹·玛瑞

不管以何种方式，我能运用我的生命使他人的生活变得更美好，我就感到生机焕发。

吉姆·拉奥

社会赐予了我今天拥有的一切，因此我感到自己有责任将这份恩赐和社会责任作为财富回报他人。

当你完成英雄之旅，你会了解如果没有帮助过你的人的支持，你永远无法实现自己的梦想。用你所收获的最深的感激之情，以及对于依然苦苦挣扎着的人们的深切同情，你会不能自己地回馈、影响他人的生命。你感受到的怜悯的火焰是如此灼热，无论你做过什么，奉献了多少，你只会想要做到更多。

彼得·布瓦希

于我而言，有所奉献并做一些有意义的事何等重要。它是我生命存在的意义。它是我早上起床的动力。它是使我夜晚安眠枕上并感到无尽满足的源泉。

迈克尔·阿克顿·史密斯

假如你有很多钱，而这些钱只是躺在银行一无所用，那简直是在断送无限的潜能。你应该将它取出并有所作为。帮助和支持人们实现梦想、更快乐地生活，这会让你感觉异常美好。

彼得·弗约

当我坐在办公室，看到我团队中的某个同事，看到他的孩子在走廊里四处跑动，那一刻的欣喜之情无以言表。看那个孩子是如此快乐、健康，还将会进入好的学校……你突然意识到，因为此前某天的一个想法，长期以来你一直在帮助着这位同事。

保罗·奥法里

我终日忙碌并非让我的孩子能住在豪华的庄园中。他们只需得到必要的保障，仅此而已。这样做是为了支持慈善，我会在离世之前将资产全部捐赠出去。

吉姆·拉奥

我庆幸宇宙赐予我机会去服务社会。就我而言，我已经将自己的全部股份抵押给了我们经营的基金会。

英雄旅程的最后一步不是简单地给慈善机构签张支票，它是对于一种可以将你的时间、经历、激情投注于某处，并引起你内心共鸣的方式的探寻。它是对于一种特殊人群的搜寻，这些人和你当初类似，同样深陷不利的处境，或者寻找那样的一批人，他们缺乏途径去实现你已然实现的梦想。凭借你所获得的技艺和能力出发吧，以自己的方式去改善他人的生命，为他们提供机会，使他们也能追逐自己的梦想。

阿纳斯塔西娅·索阿雷

我去南非时，刚好奥普拉到这里开办女子学校。我从没有见过她如此精力充沛，如此开心。她的能量简直不可思议，因为她改变了那些女孩的命运。付出回报是你一生中最有意义的经历。回馈是最美好的存在。

　　有所成就的人知道，仅仅给予金钱的支持并非助人的最佳手段。而完成了这段旅程的人，正不辞劳苦地致力于确定他们投入金钱之外，是否已为那些想要改变生命的人提供了真正的途径和机会。

约翰·保罗·德约里尔

现在，我最大的梦想是致力于整个国家的发展繁荣，同时头脑里要有生态的意识。

　　他们捐款为人们提供基本的生活保障，例如干净的水，或者为人们提供走向充实人生所需的方法和途径。正如古语所言，授人以鱼，不如授人以渔。这是一个法则，将引导你如何去投资金钱、时间和任何你想要给予的东西。

皮特·卡罗尔

世界上有数以百万计的梦想，我希望都能帮助人们实现它们。更美洛杉矶组织正好和我们离得很近，刚好在同一个城市。而我们的工作地点也在相同的区域。我们在一对一地服务民众，尽力帮助他们找到希望。假如他们创造了愿景，就帮助他们去实现，让他们真正掌控自己的生活。幸运的是，我们已经成为代理机构，负责救济

这些家庭和孩童。能够与之联结，我感到非常骄傲。我
希望我能够给予更多并做得更多。

激励、鼓舞以及希望也是你每天可以奉予他人的东西，它们要比
你捐献任何数额的金钱有用得多。

迈克尔·阿克顿·史密斯

我那时最喜欢做的就是鼓励那些学校里的孩子。他们甚
至不知道企业家精神意味着什么，但是通过和他们谈话
并鼓励他们，他们中的一些人会开创属于自己的事业，
拥有完整、充满意义且幸福的人生。

自秘密公司收益第一桶金开始，公司会将盈利的十分之一，捐赠
给遍及世界的非营利性组织。目标是给人们以力量，帮助他们过上充
满意义的人生。

彼得·布瓦希

我们发起了一项轮椅网球工程，现在已经遍及世
界。38年来我们免费为世界各地的轮椅运动员提供网
球课程。通过这项工程，我们为人们带来了许多欢乐
和幸福。

无论你身处英雄旅程的哪个阶段，抑或你并未踏上征程，现在你都能给予。当有人需要时，尽你所能地去帮助他。有一个重要的准则，将帮助你知道何时该伸出援手，何时不需要：不要去做那些别人凭自己力量就能轻易完成的事情。假如你做了，不仅帮不了他们，反而削弱了他们的能力。在帮助他人和削弱他人能力之间有着精确的界限，因此要做那些他人靠自己无法轻易达成之事。激励他们，鼓舞他们，帮助他们逐渐建立起信念，为他们提供机会，使其凭自己的力量摆脱现在的处境。当你做到这点，你会使他们变得强大，没有什么比让别人强大到仅凭自己就能独立自主更伟大，而这是我们任何人都应该做的。

马斯丁·基普

无论何种情境，总有条件去施与他人。哪怕你身处逆境，你依旧有很多的机会去奉献。事实上当你懂得给予的精妙时，回报将如潮涌至。

丽兹·玛瑞

有时人们总想着要出一本书，或者想要面对成千上万的民众做一次演说。事实上，你可以用微不足道的方式，创造极富意义的服务。

彼得·弗约

你要么向人们奉献出自己的时间，要么奉献出自己的资源。我们只有通过更多次地帮助他人才能充实我们的存在。

"即便你所做的只帮到了一个人，你依然做了非同凡响之事。"

布莱克·麦考斯基

汤姆布鞋创始人

约翰·保罗·德约里尔

在我们六岁的圣诞节期间，母亲将我和弟弟带到洛杉矶的乡下。我们刚到那里，母亲就给了我们一角钱，让我们到马路对面，把钱放到一个正在摇铃的男人身旁的桶里。随后我们问母亲："为什么我们要给那人钱？"那段时期，我们经济拮据，用那些钱可以买到两大杯苏打饮料或者三根棒棒糖。然而母亲说，"他是救助军，会照顾那些无家可归的人。孩子们，记住，只要你们活着，不管你们拥有多少，总会有人比你们拥有的少。你们应该尽力而为地做些事情。"那件事灌输给我一个信念，无论拥有多少，都要去施与。而我认为，这是成功的重要部分。不愿被分享的成功无异于失败。

当你以任何方式付出时，不论大小，那种意识到自己帮助他人时的幸福感永远不会消失。事实上，你体验到的幸福和快乐是如此强烈，以至于连你自己都惊讶于召唤你追逐梦想的理由是否真实，最后，你将达到英雄旅程的最后一步，在那里一个比你自身更博大的理想会将你收容。

丽兹·玛瑞

当你问及人们关于梦想的话题时，答案总是平凡普通，常常是："因为我想让别人过得更好。"那是我们内心与生俱来的一种渴望，它同样也是你在这世上的使命的一部分。

莱尔德·汉密尔顿

我只想弄明白如何能够贡献更多并大有所为。在那个方向上不断前行，或许我终将醒悟，我的目标是创造生命的不同，这比其他一切都重要。

你 心 中 的 英 雄

你心中的英雄

  在迈出英雄之旅的最后一步后，你成了一个完满而又神圣的人——一个真正的英雄。而早在你开启这段尘世旅程之时，你有限的思想和意识就已经经历了一场转化。你可以清楚地看到，原本缺乏节奏、没有理性的生活环境，现在正以井井有条的方式行进。凭借你对他人的恻隐之心，你的意识与宇宙合为一体，顾念天下苍生。伴随同情心的加深，困顿、煎熬以及恐惧，渐渐烟消云散，取而代之的是无尽的智慧，而这些智慧的获得远非埋首书卷和攻读学位可媲美。你要谨记，个人即是全体，我们世间众生实为一家，你内心充满平和，对生活有着全然的喜悦。这是你的传奇，也是你的命运。

　　我深知你蕴含的潜能。我了解你体内的英雄品质和能量。这是你的故事，只有你能实现。这是你的英雄之旅，只有你能完成。你现在拥有了地图和指南，并且旅途的每个阶段，都有我们所有人的陪伴。

彼得·弗约

你可以有更幸福，更有意义的存在形式。这一切在你的体内亟待爆发，无论你身处何方，周围环境如何。

莱恩·比奇利

我信任你，但这毫无帮助，除非你对自己满怀信心。相信自己，并尽你所能地去做事，你将收获你生命中最渴盼的东西。

皮特·卡罗尔

每个人都有这种能量。通常我们让这种能量流失到周围有主见的人身上去了，或者我们只关注背景和出身，不给自己充足的信心确信自己有力量去创造想要的一切。这是我能传达给每个人的至关重要的信息。

吉姆·拉奥

相信自己的梦想并永不放弃。持之以恒，永葆信念，梦

想终将实现。每一段旅程都以梦想为开端，而对于梦想的满腔热忱和信仰将为英雄之旅开疆拓土。

约翰·保罗·德约里尔

成功者和失败者的最大差别在于前者心无旁骛。他们迎头出击并全力以赴。假如没有成功，就不断努力直到胜利。每个人都有这种力量——你也拥有这种力量。

丽兹·玛瑞

我们是如何度过此生的，在于你如何阐释。决定这段旅程质量的是我们讲述的我们是谁以及缘何在此的传奇故事。好消息是，任何时机下你都可以改变那个故事，因为你是且永远都是你生命的唯一作者。

彼得·弗约

我能做什么，要呼喊多大声，才能让所有人听见我呐喊的"你是一个英雄"？每个独立的人都是一个英雄。在你自己的世界里，你能成为一个英雄。

你所走的每一步，你生命中将要极力完成的一切，你想要实现的每一个梦想，都标志着你正在追求永恒的幸福。即便跋山涉水，攀峰探谷，你都会继续追寻永恒的幸福，直到最后，在英雄之旅的最后一程，你会发现，你苦苦追寻的永恒幸福正是你对真正自我的发掘。

　　这就是地球上每一个人英雄之旅的完结。只有你能践行这段伟大的发现之旅，只有你能探究出你到底是谁的真相，只有你能发掘你内在的英雄。哪怕沧海桑田，在你生命中的每一天，你内在的英雄，都将不断响应你的召唤。

英雄的思想

想象

回报

信念

英雄之心

反叛者 & ...

追随你的幸福

有价值的人生

你心中的英雄

尝试作奇遇之路

决心

险召

终极考验
寻找你的梦想

召唤

英雄之路

背离召唤

英雄之特写

　　本书所得收益，秘密公司将很荣幸捐赠给以下的《英雄》故事分享者所属的基金会和慈善机构。

迈克尔·阿克顿·史密斯

www.mindcandy.com

迈克尔·阿克顿·史密斯是Mind Candy公司的首席执行官兼创意总监，这是一家儿童娱乐公司，旗下有享誉世界的网络游戏《摩西怪兽》。《摩西怪兽》是一款在线网络和虚拟游戏，同时包含玩具、交换卡片、杂志、图书以及一部电影。迈克尔渴望引领Mind Candy成为电子时代最大的娱乐公司。

摩西基金会

www.themoshifoundation.com

　　迈克尔建立**摩西基金会**作为一个关爱儿童及年轻人的世界性援助机构。时至今日，救济金已经应用于继续教育、健康福利、经济危机救助，治疗和教育那些有特殊需要的或残疾的儿童。

莱恩·比奇利

www.laynebeachley.com

莱恩·比奇利是历史上最有成就的女性冲浪竞技运动员，曾七次获得世界冠军，这个纪录至今无人超越。她是现任国际冲浪协会的副主席，并且任职于澳大利亚体育名人堂和澳大利亚冲浪董事会。莱恩依然每天冲浪，间或参加赛事，同时也是一位活跃的演说家。

莱恩·比奇利星辰基金会

www.aimforthestars.com.au

　　莱恩建立**莱恩·比奇利星辰基金会**的意图是为年轻女性和女童提供经济援助和鼓励，帮助她们实现梦想。该机构广泛面向在澳大利亚体育界、学术界、社区以及具有文化追求的女性。莱恩的目标是帮助这些女性实现超越平凡的伟大探索。

彼得·布瓦希

www.peterburwash.com

彼得·布瓦希是前职业网球运动员，也是一位享誉盛名的网球教练。彼得是世界最大的网球管理公司彼得·布瓦细国际的奠基人和主席，32年来致力于提供世界范围的顶级网球培训和个人项目。彼得也是一位畅销书作家和极具号召力的励志演说家。

关爱沃林达文基金会

www.fflvrindavan.org

彼得因为环球旅行，开始支持**关爱沃林达文**组织，这是一个美国背景的慈善机构，代表印度贫困的沃林达文地区募集资金。该机构为当地社区提供生活必需品，保证该地区人民可以在未来自给自足。具体来说，慈善资金支持了数以千计被忽视的印度女孩的学业，使她们的潜能得到最充分的发挥。

皮特·卡罗尔

www.petecarroll.com

皮特·卡罗尔是一位美国足球教练，两次国家锦
标赛的赢家，他还拥有多项联合会、分区冠军头
衔。皮特是现任头牌教练和海鹰队的副执行官，
近期又被冠以年度国家足球联盟教练的殊荣。

更美洛杉矶和更美西雅图基金会

www.abetterla.org

www.abetterseattle.com

　　皮特因为慈善事业家喻户晓，最为人称道的是他为减少洛杉矶和
西雅图地区非法集会以及青年暴力做出的努力。皮特创办了**更美洛杉
矶**和**更美西雅图**基金会，通过强化个体力量达到创设更加安全、更加
强大社区的目标。这些机构和以社区为基础的机构合作，为居民家庭
及年轻人提供工具、指导以及支持，帮助他们实现富裕。

约翰·保罗·德约里尔

www.paulmitchell.com

约翰·保罗·德约里尔是一位企业家，和人合作创办了约翰·保罗·米切尔系统，这是一家头发护理产品以及美容产品的生产机构。约翰·保罗是这家公司的首席执行官，年收入超过十亿美元。1989年，他与人合作创立了百加得有限公司，如今他持有大多数股份。约翰·保罗也热心于环境问题、国际政治，以及慈善事业。

约翰·保罗和平、关爱和幸福基金会

www.peacelovehapinessfoundation.org

　　童年有着寄人篱下的经历，成年又遭遇无家可归的流浪生活的约翰·保罗投入了巨大的资源到**约翰·保罗和平、关爱和幸福基金会**。该机构支持环境的可持续发展，承担社会责任，推进动物保护，旨在使人们通过园艺、农业项目的技艺习得，去供养家庭并开创自己的事业。

彼得·弗约

www.nextel.com.mx

彼得·弗约是一位商业执行官和国际电子通讯专家。彼得被誉为拉丁美洲最杰出和最具创造力的首席执行官。他供职于几家公司的董事会，并仍然作为主席领导了墨西哥的耐克斯通讯公司，这家公司拥有17,000名员工。

耐克斯基金会

www.nextel.com.mx/nextelfundacion.html

作为公司的首席执行官，彼得创建的将社会责任和慈善事业合二为一的文化，格外引人注目。**耐克斯基金会**通过教育的方式给社区最贫困的人提供帮助。基金会通过奖学金帮助学生，针对年轻人、贫困阶层和残障人士，提供资金进行科学调研和实施更高层次的教育项目。

莱尔德·汉密尔顿

www.lairdhamilton.com

莱尔德·汉密尔顿是享誉世界的冲浪运动员，革新者，拖曳冲浪、立式单桨冲浪、水翼冲浪的先行者。莱尔德仍然活跃于波涛之间，并发展新形式的冲浪项目，以期在离自己心灵最近的事业中有所成就。

猎雨者基金会

www.raincatcher.org/laird

　　莱尔德和他的妻子加布里埃尔·莉丝，近期被任命为**猎雨者基金会**的董事，这家非营利性的组织，其目的是缓解全球淡水危机。猎雨者基金会已经通过淡水集合系统的供应，援助了世界范围内的70万人。猎雨者基金会预期在2015年，可以额外保障1000万人的淡水供应。

马斯丁·基普

www.thedailylove.com

马斯丁·基普是一位企业家、作家、博主，他利用社交媒体向社会传播正能量。马斯丁创建了名为"日行一善"的网站，其网页、电邮日记、推特账户的用户浏览量达60万人次，并与《哈芬顿邮报》达成了联合。马斯丁出席了《奥普拉的生活课堂》节目，并在其《超级灵魂星期天》节目中被冠以"下一代的精神思考者"的称号。

安东尼奥·罗宾基金会

www.anthonyrobbinsfoundation.org

马斯丁将他的巨大转变归功于他的人生导师安东尼·罗宾的帮助。于是，他倾入心力到**安东尼·罗宾基金会**作为回报。这家非营利性机构组织实施了一些项目，专门援助并促进那些被社会忽视的群体实现富裕，包括年轻人、老年人、无家可归者、监狱人员。

丽兹·玛瑞

www.homelesstoharvard.com

丽兹·玛瑞是畅销书作家和世界上最受欢迎的励志演讲家之一。她从无家可归到成为哈佛的高才生的经历广为人知。她曾经和戈尔巴乔夫、托尼·布莱尔同台，因在鼓励年轻人方面做出的振奋人心的工作而受到白宫和奥普拉·温弗瑞的赞誉。

青少年领导力基金会

www.momentumteens.org

作为青年人的榜样，丽兹为支持**青少年领导力基金会**感到自豪。这是一个旨在鼓励并培养年轻人领导能力的非营利性组织。该组织拥有能提供器械、经验的车间和项目，通过提供工具和经验，帮助年轻人成为对社会及世界有责任感、充满自信的奉献者。

保罗·奥法里

www.paulorfalea.com

保罗·奥法里是金考公司的创始人，该公司是办公用品和商务服务类公司中的佼佼者。他出让了在金考公司的股份之后，一方面作为大学教授继续传播他的知识与经验，另一方面投入时间从事慈善事业。

奥法里基金会

www.orfaleafoundation.org

　　在保罗的领导下，**奥法里基金会**致力于转化他人，发掘出他们的能量。援助的相关项目包括创新型的儿童早期教育、激发中学生积极性的项目、数以千计的高等教育奖学金，同时为大学人才选拔项目提供大量资金。保罗也专注于帮助单亲家庭的孩子摆脱困境，为在校儿童提供健康的食品。

吉姆·拉奥

www.gmrgroup.in

吉姆·拉奥集团位于印度班加罗尔，主营环球能源与基础设施建设。吉姆·拉奥是该集团的创始人兼董事长，作为一个有远见的商业领导者，近来拉奥先生让自己的公司更多地倾向于城市建设以及国有基础设施的创造，例如发电厂、高速公路和飞机场。

GMR 瓦里拉什米基金会

www.gmrgroup.in/foundation.html

拉奥先生积极倡导公司应承担自己的社会责任，并且建立了**GMR瓦里拉什米基金会**以改善基础设施的缺失与区域赤贫状况。基金会致力于为每个人提供合格的教育。通过建设医院、医疗诊所，提供救护车来满足人们的健康需求。此外，通过建立培训机构以及创业项目来为有事业心的年轻人提供自主就业的机会。

阿纳斯塔西娅·索阿雷

www.anastasia.net

阿纳斯塔西娅·索阿雷是公认的修眉专家，也是一个美丽的职场榜样。凭着她独特的修眉技术，阿纳斯塔西娅拥有令人嫉妒的包括好莱坞明星在内的客户群，并且在贝弗利山庄和布伦特伍德拥有旗舰沙龙店。位于高端百货商店内的阿纳斯塔西娅修眉工作室，遍布世界各地，她自主创造并销售一系列专业的画眉和化妆的产品。

阿纳斯塔西娅亮视野基金会

www.anastasiafoundation.org

　　通过**阿纳斯塔西娅亮视野基金会**，来自养护机构的无家可归的年轻人可以得到奖学金并用于追寻在美容化妆方面的事业。资金和支持主要用于美容学校的教育、实习、实际操作培训和工作安置。它的目标是让年轻人自给自足并为未来创造基础。

《英雄》讲述者们的
补充材料

莱恩·比奇利

《遁入海浪》

　　莱恩·比奇利证明了自信的力量。

出版商：澳大利亚兰登书屋，2009

彼得·布瓦希

《做自己行为的主人》

　　他的个人经历、坚定的意志以及从哲人那里获得的启示，从过去到现在，一直为我们人生旅程的前行提供着最基本的指引。

出版商：炬光出版社，2007

《亲爱的年轻人》

　　彼得·布瓦希为年轻人在生理、心理、精神上的健康成长提供着无价的指引。

出版商：炬光出版社，2008

莱尔德·汉密尔顿

《自然的力量：思想，身体，灵魂，当然还有冲浪》

　　莱尔德·汉密尔顿分享了他独特的哲学，这使其一度成为世界公认的最好的冲浪手之一。

出版商：罗德尔图书出版社，2008

马斯丁·基普

《日行一善》

出版商：贺屋出版社，2014

丽兹·玛瑞

《风雨哈佛路：宽恕、生存，从无家可归到哈佛大学的回忆录》

丽兹·玛瑞的励志故事，从露宿街头到如何成为哈佛大学的高才生。

出版商：亥帕瑞恩出版社，2010

保罗·奥法里

《复制它！——从一个诵读困难的人那里学习如何把一个好想法变成美国最好的公司》

关于保罗·奥法里如何经历从一个几乎无法读写的孩子的挣扎，到最后创立了金考公司并把它发展成一个拥有15亿资产的帝国的故事。

出版商：沃克曼出版公司，纽约·奥法里家庭基金会，2005

www.thesecret.tv